VIE

DE SAINT LAUTEIN

D'AUTUN

ABBÉ DE SILÈZE (Jura)

PAR

M. l'abbé CHOULOT, prêtre

———✳———

MOULINS

IMPRIMERIE DE C. DESROSIERS

1876

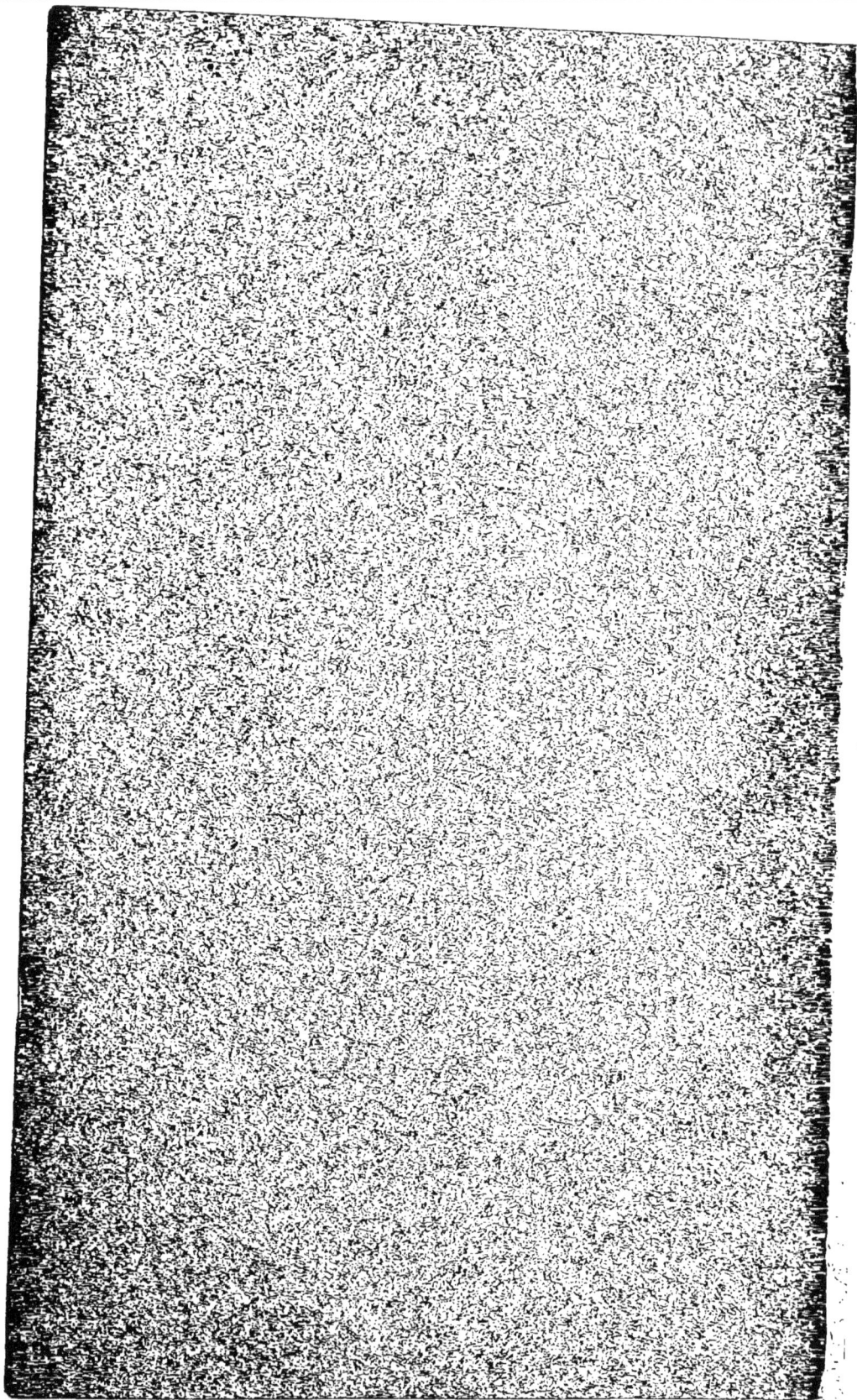

VIE DE SAINT LAUTEIN

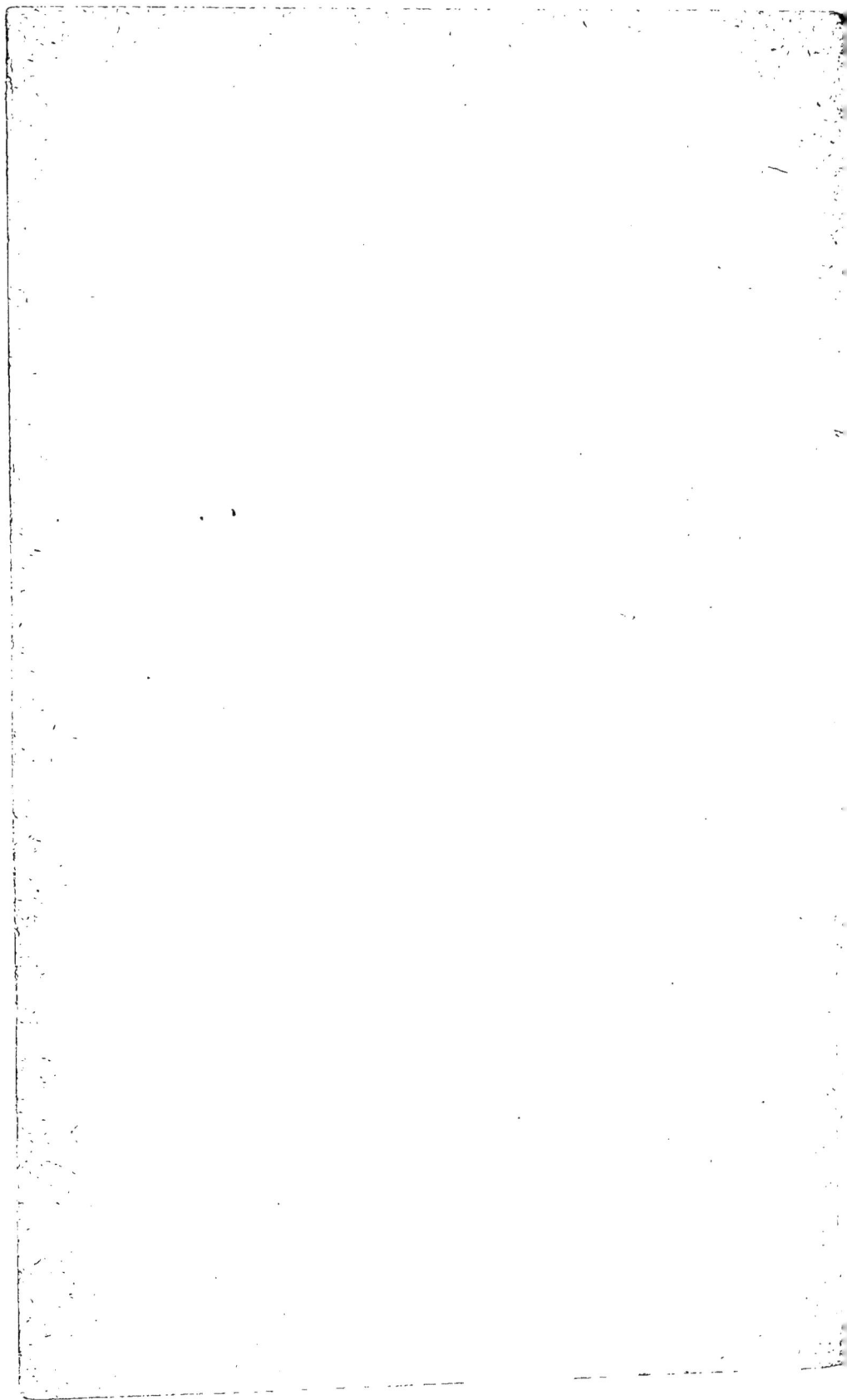

VIE

DE SAINT LAUTEIN

D'AUTUN

ABBÉ DE SILÈZE (Jura)

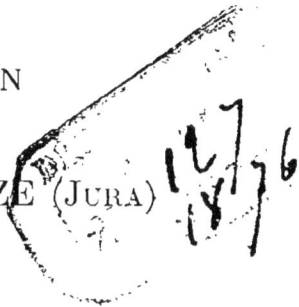

PAR

M. l'abbé CHOULOT, prêtre

———❖———

MOULINS

IMPRIMERIE DE C. DESROSIERS

1876

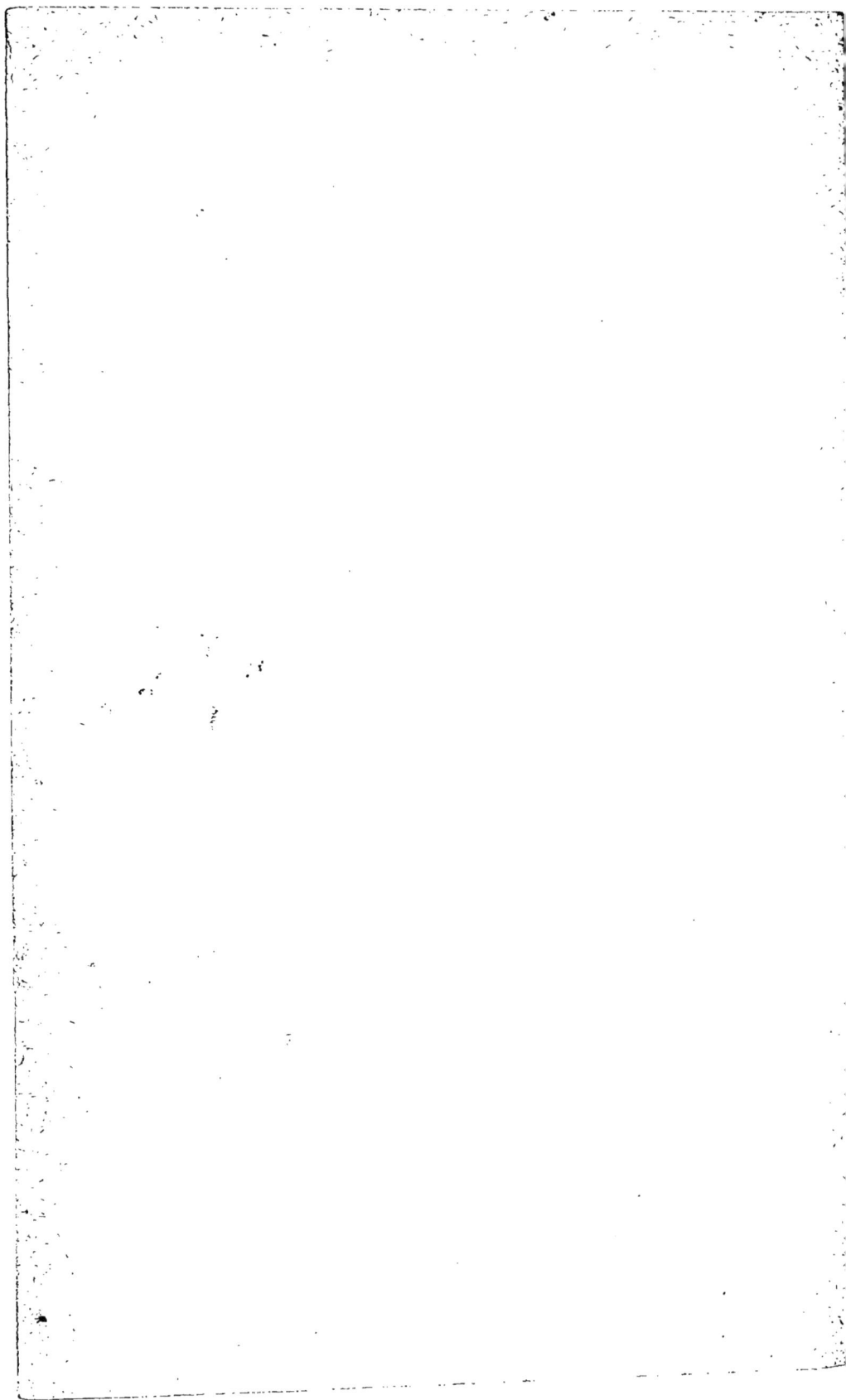

APPROBATION.

DE MONSEIGNEUR L'ÉVÊQUE DE SAINT-CLAUDE

———

MONSIEUR L'ABBÉ,

Sur le rapport favorable qui m'a été fait de votre travail de la vie de saint Lautein, je n'hésite pas à vous donner le conseil approbatif de le livrer à l'impression. Votre ouvrage est pieusement écrit, bien encadré dans les faits généraux de l'époque, faisant connaître le saint qui a illustré la terre de Silèze, et propre à produire des fruits d'édification dans l'esprit des lecteurs. Je m'associe donc à tous les bons désirs qui ont conduit votre plume et les fais miens de bon cœur.

† LOUIS ANNE,
Evêque de Saint-Claude.

Saint-Claude, le 4 juin 1876.

PRÉFACE

Si l'étude profane du passé est une chose belle et utile, combien plus importante et avantageuse n'est pas pour le chrétien la connaissance de ces hommes, nos pères dans la foi, qui par la sainteté de leur vie et l'influence qu'elle leur donnait, ont été les vrais éducateurs de notre société naissante, des types admirables de grandeur morale, de courage et de dévouement, et, à toutes les époques de notre histoire, des champions toujours armés pour la justice et la liberté !

Séparés du monde par un genre de vie inconnu jusqu'alors, ils exerçaient cependant autour d'eux une influence morale des plus grandes et des plus salutaires sur

les populations encore païennes, comme
sur les chrétiens timides ou déjà attiédis.
Non-seulement ils ont rendu d'immenses
services aux lettres, aux sciences et à
l'agriculture, mais ils ont encore instruit
l'humanité en prouvant, par leur propre
vie, comment l'homme, qui lutte pour sa
liberté morale contre les révoltes de la
chair ou la tyrannie de l'esprit d'orgueil,
qui marche avec une volonté ferme et constante à la conquête de la vertu, arrive dans
ces régions hautes et sereines où l'âme retrouve sa véritable grandeur. Ils ont appris
aux générations du siècle ce que jamais les
institutions humaines ne peuvent enseigner,
quelle est, pour relever l'homme et le
transformer, la force de l'humilité, de
l'obéissance, de la charité et de l'esprit de
sacrifice.

Formés aux grandes vertus dans la retraite et le silence, par la prière et le travail, ces hommes, nourris de la charité du
Christ, sortaient en temps opportun pour
aller jeter la divine semence dans les âmes.

Puis, quand ils avaient édifié le monde par le spectacle de leurs vertus, quand le soleil divin avait fécondé leurs travaux et que la moisson de Dieu était faite, ils revenaient, modestes ouvriers, reprendre leur travail manuel et leurs études, pour achever une vie sainte dans le silence et la prière, quand ils n'avaient pas eu le bonheur de mourir sous les coups des barbares ou des hérétiques.

Tels étaient, dès là fin du II⁰ siècle de notre ère, ces hommes voués à la vie religieuse par goût et par vocation. Tels sont encore de nos jours les moines que l'on a tant calomniés, et que l'on poursuit aujourd'hui de tant de haines odieuses et d'injustes attaques, parce qu'ils représentent surtout la sainteté de l'Evangile, parce que leur apparition est une prédication vivante et une énergique protestation contre l'esprit d'orgueil, de sensualisme et d'impiété qui ronge, comme une plaie, notre société en décadence.

Tel était aussi le saint dont nous allons

retracer la vie, et voilà pourquoi nous devons l'étudier et la méditer. .

Mais pour ceux qui, de près ou de loin,
sont nés et abrités sous son patronage,
saint Lautein a des titres plus particuliers
à leurs hommages et à leur amour. C'est
lui, en effet, qui a été notre père dans la
foi et qui, par son influence, a contribué
grandement au progrès de la religion sainte
dans nos pays. C'est aussi à l'ombre de son
cloître que nous sommes nés à la vie sociale.

Avec ses précieux restes, il nous a laissé
son nom comme héritage, ses vertus comme
patrimoine, et c'est sous sa haute protection que l'Eglise nous a placés depuis des
siècles. C'est donc un devoir pour nous
d'apprendre ses vertus, et de lui témoi-
gner, en cherchant à les imiter, la reconnaissance à laquelle il a droit de notre part.
Puisse ce petit livre servir à ranimer dans
nos populations le culte et l'amour de notre saint patron!

C'est dans ce but déjà que M. Tissier, de

vénérée mémoire, avait publié un travail analogue. Plus heureux que ce bien aimé pasteur, j'ai pu voir la terre où saint Lautein passa sa première jeunesse, et disposer de ressources plus grandes, entr'autres d'un manuscrit latin plus complet de la vie de saint Lautein, remontant au ixe siècle.

J'offre ce travail avec l'intention qui l'a dicté, comme une œuvre de piété filiale envers notre saint protecteur et dans laquelle j'ai recherché, avant tout, le bien spirituel du plus grand nombre des lecteurs.

Saint-Lautein, le 3 novembre 1876.

VIE

DE SAINT LAUTEIN

ABBÉ DE SILÈZE (Jura) (1)

CHAPITRE Ier.

Naissance de saint Lautein. — Aperçu sur l'état religieux de la société dans laquelle il paraît.

Saint Lautein naquit au pays des Eduens vers le millieu du vᵉ siècle, en l'an 448. A cette époque. Autun, capitale des Edues, n'avait plus la splendeur dont elle avait brillé au temps des Césars romain devenus maîtres

(1. On écrit Lothin, Lothain et Lothein. Le nom latin étant *Lautenus*, l'orthographe véritable du mot est Lautein.

des Gaules. Sous les coups des révolutions successives qui avaient ensanglanté l'empire agonisant et des barbares qui venaient s'en partager les dépouilles, étaient tombés tous les superbes monuments dont s'enorgueillissait la cité d'Auguste (1). Les dieux apportés de Rome par le vainqueur avaient disparu avec leur culte sensuel et voluptueux. Des temples élevés par la politique romaine, il ne restait déjà plus que quelques ruines pour attester le néant des divinités fabriquées par les hommes. Les jeux sanglants de l'immense amphithéâtre avaient également cessé, et le peuple n'allait plus se repaître de ces affreux spectacles où le sang humain coulait sous les dents et les griffes d'animaux féroces.

Mais si Autun n'était plus l'émule de Rome païenne par la majesté de ses édifices publics, de ses temples et de ses écoles, elle était devenue la sœur de Rome chrétienne par sa foi, ses martyrs, ses saints et illustres pontifes.

Dès le second siècle, cette grande cité avait reçu la bonne nouvelle, et le sang du jeune et glorieux Symphorien avait été une semence

(1) *Autun, Augustodunum,* ville d'Auguste.

qui devait produire au centuple des fruits de
vérité, de justice et de sainteté. Aussi trois
siècles n'étaient pas écoulés que déjà, malgré
les persécutions et les guerres, le christianisme avait fait d'immenses progrès dans la
capitale et le pays des Eduens.

Sans doute, le polythéisme romain et les
superstitions druidiques avaient encore çà et
là de profondes racines; mais la vraie foi
avait conquis un grand empire, et ses pré-
ceptes étaient suivis avec la fermeté chrétienne qui, soutenue de la grâce, sait enfanter
des héros et donner des martyrs.

Dans presque toutes les grandes familles
nobles ou sénatoriales, on pouvait admirer
de magnifiques exemples des plus solides
vertus. Les principes chrétiens, alors, étaient
trop en honneur pour qu'il fût permis de
rencontrer dans les mœurs une association
intime entre les maximes du monde et celles
de l'Evangile, cette religion affaiblie qu'on se
crée en admettant toutes sortes de compromis
avec les idées du siècle, et qui jamais ne sera
capable de former l'homme aux mâles vertus.
La profession de notre sainte foi était regar-
dée comme le plus précieux des biens, et la

vocation à l'état religieux ou au sacerdoce, comme l'honneur le plus insigne. La religion, avec ce qu'elle a de plus noble dans ses principes, régnait en souveraine au foyer de ces nobles familles. C'est elle qui présidait à toutes les relations de la vie domestique ou sociale ; c'est à la clarté de son flambeau que l'enfant faisait ses premiers pas dans le monde et que l'on cherchait pour lui le chemin le plus sûr qui conduit au salut. Aussi, depuis plus de deux siècles, la plupart de ces familles, plus illustres encore par leur piété que par leur rang dans le siècle, avaient-elles donné au cloître de saints religieux, ou à l'autel des prêtres et des pontifes à jamais célèbres.

C'est dans l'un de ces foyers bénis que Lautein vint au monde. Quelque noble donc que fût son origine (1), notre saint reçut de ses parents quelque chose de plus précieux que la distinction de la naissance, le don de la foi et le bienfait d'une éducation solidement chrétienne. La mère qui veilla sur son berceau et guida ses premiers pas, fut sans

(1) *Genere non infimo ortus.* Vit. S. Laut. ms.

doute une de ces femmes vraiment pieuses à
la vertu.desquellesDieu saitaccorder l'énergie
du courage et de la vigilance en même temps
que les grâces de la douceur et de la véritable
tendresse. Lautein, en effet, par les vertus
qu'il pratiqua dès son plus jeune âge, montre assez qu'une main maternelle sage et
habile seconda l'œuvre de la grâce dans son
âme et prépara avec soin cette terre fertile
que des maîtres saints devaient cultiver ensuite pour lui faire produire en abondance des
fruits de vertu.

Dès sa tendre jeunesse, nous dit son biographe, il sut fermer l'oreille aux séductions
du vice, aux sollicitations des plaisirs du
jeune âge, et montrer dans ses mœurs la re-
tenue et la sagesse des hommes mûris dans
la pratique de la vertu (1). La sainteté de sa
vie annonça dès lors ce qu'il devait être un
jour par l'éclat de ses œuvres (2). « Lautein,
» dit un des plus vieux historiens d'Autun,

(1) *Ipso in tempore juventutis non lasciviam sectans...*
etc. Vita S. Laut ms.

(2) *Ostendebat moribus quis esset futurus in actibus.*
Ibid.

« avait non-seulement la chasteté du corps
« devant les hommes, mais la pureté d'esprit
« et de cœur devant Dieu. La charité princi-
« palement était établie en son âme, de telle
« sorte qu'avec crainte il aimait Dieu et
« qu'avec amour il le craignait. Il était fort
« vigilant à l'exercice de l'oraison, constant
« en jeûnes, assidu aux louanges divines et
« offices de l'église, très-fréquent aux actions
« saintes, très-grand en humilité, selon cette
« parole évangélique : Apprenez de moi que
« je suis doux et humble de cœur, et vous
« trouverez le repos de vos âmes. (MATH. XI,
« 29.) Cultivant le champ de son âme comme
« un bon laboureur, il avança beaucoup en
« peu de temps dans tous les exercices spiri-
« tuels (1). »

Ces progrès si rapides dans la voie de la
sanctification, à un âge où, d'ordinaire, l'âme
ne s'ouvre que trop facilement aux promesses
trompeuses et aux séductions de la vie, étaient
dus, sans doute, après la grâce, à l'heureuse
influence de l'éducation de famille sincère-
ment et profondément chrétienne ; toutefois,

(1) B. GOUJON, ms.

l'instruction reçue au dehors et la direction
imprimée à cette jeune âme par quelque saint
conseiller avaient dû également les rendre
plus faciles et plus rapides. Le biographe,
dans son trop court récit, ne nous dit rien des
études que fit le saint. Nous devons croire
cependant que son instruction fut aussi soi-
gnée que son éducation.

À cette époque, Autun possédait encore les
écoles menniennes fondées par les empereurs
romains et restaurées par la munificence de
Constance Chlore et de Constantin. C'est là
que la jeunesse noble du pays des Edues
venait s'instruire dans les lettres profanes et
écouter les leçons de célèbres rhéteurs qu'en-
voyaient Rome et la Grèce. Mais pour de jeunes chrétiens vivant dans une société à peine
arrachée au paganisme et sans cesse boule-
versée par le fléau des révolutions et des
guerres, ce n'était point assez d'apprendre les
secrets de l'art oratoire, ou de scruter les
mystères de la science profane. Le vide de
théories fausses encore chères à plus d'un
maître se faisait sentir à ces âmes affamées de
la vérité, et l'on savait comprendre que la
science seule n'est point assez puissante pour

soutenir l'homme au chemin de la vertu ni
pour le conduire à sa destinée. Il fallait donc
aller puiser la vérité à sa source première, et
étudier la vraie sagesse à l'école où l'on
apprend le mépris de ce qui passe et l'amour
de ce qui demeure éternellement. Or, cette
source de la vérité, c'est l'Eglise. Elle l'offrait
alors, comme elle l'a toujours fait, à tous les
altérés du monde. Les religieux de Saint-
Symphorien venaient d'ouvrir une école à
l'ombre de leur cloître.

C'est là que Lautein, tout en cultivant les
lettres humaines, allait s'instruire dans la
science divine et apprendre les leçons de la
véritable sagesse. C'est dans cet asile de la
vertu et des lettres qu'aimait aussi à se rencontrer avec saint Lautein un autre adoles-
cent, son ami intime, noble comme lui et
comme lui embrasé du désir de s'instruire
et d'avancer dans le chemin de la sanctification. Grégoire, c'était son nom, appartenait
à une famille sénatoriale d'Autun, et, si l'on
fait attention aux relations qu'il eut dans la
suite avec notre saint, on peut supposer qu'il
lui était uni par les liens de la parenté. Quoi
qu'il en soit, Grégoire et Lautein faisaient

l'admiration de la ville d'Autun. Animés
d'une égale ardeur pour la science et la vertu, ils ne cherchaient dans l'amitié qu'un
appui contre les séductions du vice et une
force de résistance contre les entraînements
du siècle.

Mais le moment était venu où les douces
relations d'une amitié si tendre et si parfaite
allaient être, sinon tout-à-fait interrompues,
du moins rendues beaucoup plus rares et
plus difficiles. C'était l'heure où chacun des
deux saints amis devait entendre l'appel de
Dieu, et suivre la voie que lui traçait la Providence.

CHAPITRE II.

Entrée de saint Lautein au monastère de Saint-Symphorien d'Autun. — Ses progrès dans la vie religieuse.

A la mort de son oncle Attale comte d'Autun, Grégoire, quoique bien jeune encore, fut jugé digne de lui succéder dans la charge importante de gouverneur de la ville. Formé de bonne heure, comme nous l'avons dit, à l'école de la piété et de la science, il apporta dans la direction des affaires de la cité les grandes qualités dont il avait montré jusqu'alors les précieux commencements. Affable et doux pour les gens de bien, sévère contre les méchants dont aucun n'échappait à ses recherches (1), il faisait bénir son gouver-

(1) *Justitiâ comitante rexit, et ita severus et districtus fuit in malefactoribus, ut vix eum ullus reorum sustinere posset.* (Vit. S. G. n° 2.)

nement autant par la sainteté de sa vie que par la sagesse de son administration.

Mais pendant que Grégoire édifiait ainsi la ville sur un vaste théâtre, Lautein, de son côté, toujours de plus en plus fervent dans la voie de la sanctification, pensait à quitter le monde et à embrasser la vie monastique. Attentif à suivre la voie intérieure qui l'appelait à une plus grande perfection, et encouragé sans doute aussi par les pieux conseils de saint Euphrone, évêque d'Autun, il dit adieu au siècle, à tout ce qu'il y avait de plus cher, et entra au monastère de Saint-Symphorien.

Ce monastère, un des plus importants des Gaules, avait été fondé quelques années auparavant par saint Euphrone lui-même, natif d'Autun et alors simple prêtre. Il était situé au nord-est de la ville, tout proche de l'endroit même où le jeune Symphorien avait autrefois versé son sang pour la défense de sa foi. C'est là que le pieux fondateur lui-même venait se recueillir et reprendre dans la retraite et le silence les forces que demandait son pénible épiscopat. C'est dans ce lieu aussi qu'il fut inhumé après sa mort, vers l'an 493.

On observait alors à Saint-Symphorien la règle des moines orientaux avec les modifications qu'exigeaient le caractère et le tempérament des Gaulois. C'était comme la réunion des deux grandes règles de Saint-Basile et de Saint-Antoine (1). On pouvait voir se fondre dans une harmonieuse unité la vie cénobitique et la vie solitaire : l'activité dans le recueillement pour les uns, la prière, l'étude, la méditation dans le silence pour les autres, et pour tous, la pratique sainte des conseils évangéliques.

Le gouvernement du monastère de Saint-Symphorien était aux mains d'un saint abbé nommé Laurent (2) quand Lautein vint abriter ses vertus à l'ombre du cloître et chercher dans la vie religieuse le bonheur d'être tout à

_____

(1) L'arrivée de saint Cassien à Autun, le séjour de saint Athanase exilé dans les Gaules, les voyages de saint Hilaire en Asie, avaient dû faire connaître ces deux règles dans l'occident.

(2) *Sancti et religiosi viri Laurentii abbatis se subdidit institutis.* Vit. S. LAUT.

Dieu seul. L'historien anonyme de notre
saint ne nous dit rien de ce supérieur du monastère, sinon que c'était un homme de grande
religion et sainteté. Nous devons croire en
outre que placé à la tête de l'abbaye par saint
Euphrone lui-même, alors premier pasteur
de la ville, l'abbé Laurent joignait à la piété
et à la sainteté, les qualités précieuses et assez rares que demandent le gouvernement
d'une communauté, la direction des âmes et
le soin de seconder l'œuvre de Dieu dans
l'appel de ces âmes à des vocations saintes.

Sous un tel maître, le nouveau religieux
Lautein ne tarda pas à faire des progrès rapides
dans la perfection et la sainteté. Les heureu-
ses dispositions qu'il avait constamment
montrées, dès son plus jeune âge, pour les
vertus éminentes, trouvèrent dans la vie religieuse la voie naturelle et les moyens efficaces d'un saint et prompt développement. Son
âme d'élite rencontrait dans les exercices
spirituels l'aliment fortifiant qui soutient les
généreux athlètes du Christ, et leur fait goû-
ter dans les austérités de la pénitence, comme
dans les luttes de chaque jour, le calme et le
bonheur que Dieu réserve souvent à ses fidè-

les serviteurs. Semblable à un agriculteur habile, il cultiva avec plus de soin encore le champ de son âme, et dans peu de temps lui fit produire des fruits abondants de sanctification pour lui-même et d'édification pour ses frères (1).

Cependant les aspirations de son cœur l'emportaient vers un idéal plus sublime encore et vers une plus haute perfection. L'âme qui a une fois goûté Dieu et qui s'attache à lui avec persévérance et sincérité, ne se lasse point dans la voie des sacrifices. Elle tend, par tous ses efforts, à se rapprocher de plus en plus de l'objet qu'elle aime. Lautein donc, poussé par ce religieux désir, et peut-être aussi effrayé, dans son humilité, de la réputation de sainteté qu'il s'était acquise promptement, voulait vivre dans un détachement plus complet de la terre, et ne soupirait qu'après le calme d'une solitude profonde. Tout porte à croire que le saint abbé Laurent, ainsi que les religieux de Saint-Symphorien

---

(1) *Quasi peritus agricola excoluit agrum mentis et corporis sui brevi in tempore in omnibus exercitiis spiritualibus.* V. S. L. n° 2.

n'avaient rien tant à cœur que de garder au milieu d'eux le modèle vivant des vertus monacales, que Dieu leur donnait dans la personne de saint Lautein.

Celui-ci, cependant, fidèle aux attraits de la grâce, ne songeait plus qu'à exécuter le pieux dessein qu'il avait conçu. Fort donc du secours que la prière fait descendre du ciel en pareille circonstance, notre saint, ayant obtenu la permission de son supérieur, renonce généreusement aux consolations de la vie commune, et, comme un nouvel Antoine, il s'enfuit au désert chercher la solitude où, désormais, Dieu sera le seul témoin de ses vertus et son unique soutien dans les rudes combats livrés aux esprits de ténèbres (1).

(1) *Absque solatio aliorum, solo adjutorio Dei fretus, adversus malignorum spirituum multitudinem pugnaturus eremiticam vitam,* etc. Vit. S. L. nº 2.

CHAPITRE III.

Départ de saint Lautein pour la Bourgogne supérieure. — Son arrivée à Silèze.

Ce fut vers l'Orient que Lautein dirigea ses pas, au sortir de la terre des Eduens. Il passa la Saône et vint chercher une retraite au pays de la Séquanie ou Bourgogne supérieure. Il n'était pas difficile de trouver le désert dans cette province, car depuis plus de cent ans elle était désolée par les incursions des barbares et exposée à tous les ravages de la guerre. Tout le pays situé entre le Rhône et le Rhin, dominé par le Jura et les Alpes, était alors occupé par les Burgondes. Ce peuple, sans doute, était d'entre tous les barbares venus du Nord, celui qui avait les mœurs les plus douces et les plus pures, et de bonne heure il avait embrassé la foi chrétienne. Mais les invasions des Huns d'un côté, de l'autre les attaques et les persécu-

tions des Visigoths ariens, ainsi que les guerres intestines, avaient ruiné entièrement de
nombreuses contrées, décimé la population,
dépouillé les églises, chassé les pasteurs et
favorisé les progrès de l'erreur. Gondebaud
qui régnait alors, encore qu'il ne fût pas ou-
vertement persécuteur, trouvait souvent bon
de mettre des entraves à l'influence du catholicisme, au profit de l'hérésie à laquelle il
était lui-même attaché. Ce prince ambitieux
et cruel venait, par un double fratricide, de
se rendre maître de la plus grande partie de
l'héritage de son père Gondiock, lorsque
Lautein vint se fixer dans notre province, au
pays connu à cette époque sous le nom de
comté de Scoding (1). Dans la seigneurie de
Poligny, à une grande lieue sud-ouest de la
ville de ce nom, au bas d'une riche vallée
qu'arrose la rivière de la Braine, s'élève une
colline aujourd'hui riante et peuplée, mais
jadis couverte de bois et hantée par des hôtes
dangereux. C'est sur son flanc oriental, au

(1) Il y avait quatre cantons : de Varasc, de Scoding, d'Ammaous et de Port

milieu des bois et des broussailles, que s'ar-
rêta notre saint et qu'il y fixa sa tente. Situé
à peu de distance de la voie romaine qui
allait de Lyon à Besançon, ce lieu, connu
alors sous le nom de Silèze, avait été autrefois, paraît-il, l'emplacement d'une bourgade
ou tout au moins d'un cimetière païen. Cette
supposition n'a rien que de vraisemblable et
d'admissible, si l'on considère d'un côté la
découverte de grandes urnes sépulcrales an-
ciennes, trouvées en 1714 dans les fondations
du nouveau clocher, les ruines de bâtiments
antiques dans les environs ; de l'autre, tout
ce que raconte le biographe du saint, de l'in-
festation de ce lieu par les démons. Mais, quoi
qu'il en soit, de cette terre souillée par les
superstitions païennes et soumise à l'empire
de Satan, Dieu avait résolu de faire un asile
de la vertu et de la sainteté. Les échos de
Silèze allaient redire les louanges de Dieu en
répétant les prières et les chants pieux du
saint ermite et des nombreux disciples que
la Providence ne tarda pas d'appeler sous sa
sainte direction. Une fois de plus encore
Dieu voulait, par la faiblesse apparente de

ses moyens, confondre d'une manière écla-
tante l'orgueil des démons, en les faisant fuir
devant d'humbles religieux, et en établissant
le règne de son Christ sur les ruines de leur
empire.

CHAPITRE IV.

Vie du saint à Silèze. — Épreuves. — Premiers miracles.

Saint Lautein était donc parvenu à ce terme qu'il avait tant désiré atteindre. La solitude, objet de ses vœux, il l'avait en partage ; et, avec le prophète, il pouvait redire ces paroles de l'homme qui ne cherche que Dieu : « Je m'asseoirai dans la solitude ; je m'y tiendrai en repos, seul, loin des hommes et entièrement soumis à la volonté du Seigneur. » (1) Le saint ermite, en effet, pouvait à son gré vaquer à l'oraison, passer les jours et les nuits dans la prière, et enfin pratiquer, sous les regards de Dieu seul, les jeûnes les plus rigoureux et toutes les austérités d'une vie de détachement, de pénitence et de mortification.

(1) Jérémie.

Mais la solitude, en soustrayant l'homme
aux dangers du siècle, ne le défend point contre
les attaques du démon. Il est avéré, au contraire, que les efforts de Satan sont d'autant
plus violents pour faire tomber un chrétien,
que celui-ci s'est plus spécialement consacré
à Dieu et dévoué à son service dans la retraite
et dans l'éloignement du monde. Le champ
de la lutte d'ailleurs est ouvert pour tous les
hommes, et c'est à tous que Dieu a imposé la
loi de l'épreuve afin de purifier la vertu de
ses fidèles serviteurs et de montrer que ses
œuvres grandissent toujours au milieu des
difficultés et des tribulations. Le nouvel ha-
bitant de Silèze ne tarda pas à reconnaître
une fois de plus cette grande vérité par sa
propre expérience. A peine était-il établi dans
sa cellule et avait-il commencé cette vie sublime, toute de prière et de pénitence, que le
démon, jaloux de toute œuvre de bien, vint
pour l'arrêter dans sa pieuse entreprise. Non-
seulement, dit le biographe, l'esprit tentateur
cherchait à jeter le trouble dans l'âme de
Lautein ; non-seulement il s'efforçait de sou-
lever en lui ces tempêtes violentes dans les-
quelles les plus grands saints eux-mêmes se

croiraient près de périr, si leur confiance iné-
branlable en Dieu n'était enfin récompensée
par le secours du ciel ; mais il se rendait encore visible à ses yeux (1), le troublait dans ses
oraisons et cherchait à l'effrayer par les plus
horribles apparitions. Pendant que le saint
était en prière, continue l'historien, Satan
lui-même, suivi d'une foule de ses satellites
infernaux, venait faire retentir autour de lui
des cris épouvantables de toutes sortes de
bêtes féroces. Mais ces ruses du démon ne
tournaient qu'à sa propre confusion ; et à
Silèze, comme autrefois dans la Thébaïde,
Satan, par ses attaques et ses machinations,
ne faisait que donner plus d'éclat à la constance et à la vertu du pieux solitaire. Sans
s'effrayer de ces hideuses apparitions, non
plus que des cris sauvages qui retentissaient
autour de sa cellule, Lautein, plein de confiance en la bonté de Dieu, se tournait vers
lui et redisait avec le prophète royal : « Le-
vez-vous, Seigneur, que vos ennemis soient
dissipés et que ceux qui vous haïssent fuient

---

(1) *Sed patenter cæpit ejus oculis apparere.*

loin de vous. » (1). A l'instant, l'apparition des esprits impurs s'évanouissait comme une vapeur qu'emporte le vent, et le calme revenait dans l'âme du serviteur de Dieu.

Cependant cette multiplicité et cette violence des attaques des esprits mauvais, sans jeter notre saint dans une crainte exagérée, ne manquaient point de le mettre plus en garde encore contre ses ennemis et de lui faire redoubler de vigilance et de précaution pour résister à leurs coups. Il avait appris par l'exemple et les enseignements du divin Maître lui-même, que le père du mensonge n'est jamais plus sûrement vaincu et mis en fuite que par les armes du jeûne et de la prière (2). Afin donc de triompher complétement des nombreux ennemis qui venaient sans cesse l'assaillir, saint Lautein résolut d'ajouter encore à la rigueur de ses jeûnes en même temps qu'à la longueur de ses veilles. Il passa trois carêmes, nous dit son bio-

(1) *Exurge Domine, et dissipentur inimici tui et fugiant qui oderunt te à facie tua.* (Ps 67).

(2) *Non ejicitur nisi per orationem et jejunium.* MATH. 17, 20

graphe, ne mangeant que deux fois par semaine. Dans le premier, il n'usa que de bouillie d'orge; dans le second, que de pommes sèches, et dans le troisième, que de légumes crus. C'est ainsi que les jours du pieux ermite s'écoulaient dans la pratique des plus grandes austérités, et que se multipliaient, sous les regards de Dieu, ses actes héroïques de pénitence et de mortification.

Cet héroïsme de la vie des saints, il n'est pas rare de l'entendre traiter dans le siècle comme l'objet d'une admiration stérile. Ces exemples, disent beaucoup de chrétiens, ne sont point faits pour nous. Jamais nous ne saurions prétendre à une telle perfection, et ce que nous admirons dans ces grands serviteurs de Dieu, il ne nous est pas donné de le reproduire dans la vie ordinaire au milieu des hommes.

Sans doute, répondrons-nous, cette vie d'austérités du moine, vie de silence, d'éloignement du monde et de renoncement complet à toute possession terrestre, ne peut être pratiquée sous la même forme dans le siècle comme dans le cloître. Autre apparaît au monde saint François de Sales, autre saint

François d'Assise, mais dans le premier comme dans le second, c'est le même esprit de mortification, d'humilité et de fuite du siècle qui a fait de celui-là un apôtre plein de zèle et de douceur, et de celui-ci le grand imitateur de la pauvreté du Christ. Membres d'un même corps mystique dont Jésus-Christ est le chef, nous devons tous avoir le même esprit pour principe de nos actes ; la matière seule est différente. Si nous n'avons reçu que deux talents, Dieu ne nous demandera pas autant qu'à celui qui en a eu dix. Mais en chacun de nous il veut retrouver ce qu'il y a mis avec la grâce du baptême : l'esprit de Jésus-Christ. Or, c'est cet esprit qui combat et le monde et la chair. La vie du moine humble, mortifié et détaché de tout, condamne donc l'orgueil du siècle, l'amour des plaisirs et l'attachement désordonné aux biens de la terre. Les accents de sa prière presque con-tinuelle sont une voix éloquente qui confond notre honteuse indifférence pour les choses du salut, en même temps qu'elle nous exhorte à vivre de cette vie qui pour nous comme pour lui sera le commencement du vrai bon-heur.

Le biographe de notre saint ne mentionne pas en détail les nombreux actes d'héroïque vertu de son pieux maître. Par les quelques traits que j'ai rapportés, dit-il, on jugera facilement de la vie admirable de notre bienheureux dans la solitude de Silèze. Nul doute que nous n'eussions trouvé dans un récit plus complet une foule de ces exemples frappants qui montrent jusqu'où peut aller la nature soutenue de la grâce, combien l'homme retrouve de grandeur dans les abaissements de la chair, et de liberté dans l'asservissement du corps aux justes et saintes exigences de l'âme. L'historien d'ailleurs, est pressé de montrer comment Dieu récompense dès ici-bas la vertu et la foi de ses fidèles serviteurs, en opérant par leurs mains des miracles qui attestent tout à la fois la bonté de la Providence envers les hommes et le crédit puissant dont jouissent les saints auprès du Seigneur.

CHAPITRE V.

Nouveaux miracles.

Saint Lautein, en venant à Silèze, n'avait eu, nous le savons, qu'un seul désir : celui de vivre dans la retraite, ignoré de tous, n'ayant que Dieu pour témoin de sa vie et soutien de ses efforts. Mais le Seigneur en avait disposé autrement à l'égard du pieux ermite. Il entrait dans ses vues divines de révéler au monde ce trésor de sainteté, de faire de Lautein le père d'une nombreuse famille spirituelle, et de répandre, par son intermédiaire et son influence, les lumières de la vraie foi. Dans le pays qu'habitait le saint, en effet, la diffusion du catholicisme trouvait trop souvent encore de grands obstacles, tantôt dans les restes d'un culte impur, tantôt dans les fausses doctrines et les attaques de l'hérésie, et toujours dans les bouleversements qui tourmentaient la contrée.

Dieu commença donc à manifester la vertu de son serviteur en accordant, à cause de lui, des bénédictions signalées à tout le voisinage. Le saint ermite était une source de bienfaits pour le pays, parce que, disait-on, il avait reçu du ciel le pouvoir de détourner les orages et de calmer les tempêtes (1). Dès lors, les habitants du voisinage l'honorèrent comme un saint puissant en œuvres et l'on vint à lui même de fort loin, pour obtenir, par son intercession, toutes sortes de faveurs, soit dans l'ordre matériel, soit dans l'ordre spirituel.

Parmi ces pèlerins étrangers, le biographe nomme particulièrement un prêtre appelé Gallican (2). Tourmenté par l'esprit mauvais,

(1) Cette tradition s'est conservée à travers tous les âges jusqu'à nos jours, et les anciens du pays se rappellent encore avec quel empressement les populations venaient en procession au tombeau du saint pour obtenir un temps favorable et l'éloignement des fléaux. On verra plus loin des faits justifiant cette croyance.

(2) La chronique n'en dit rien de plus. Serait-ce celui qui fut plus tard évêque d'Embrun ? 520-550. GALL. CHRIST.

il était venu trouver Lautein, dont il avait entendu proclamer l'éminente sainteté, et le priait de le délivrer par sa bénédiction. « Eh quoi ! répondit l'humble religieux, vous êtes prêtre, moi je ne suis qu'un pauvre moine, et vous demandez que je vous bénisse ! C'est moi, au contraire, qui dois recevoir votre bénédiction, et c'est pourquoi je vous prie instamment de me la donner. » Mais comme Gallican refusait à son tour, saint Lautein lui donna de l'huile, en lui recommandant de s'en faire des onctions. Le prêtre obéit et fut aussitôt délivré de l'esprit malin.

Une autre fois, des brigands qui revenaient de Dijon (1), entendirent parler du saint et des nombreuses visites dont il était l'objet. Persuadés que sa cellule renfermait quelque trésor ou des dons précieux dus à la générosité des nombreux pèlerins qui venaient à Silèze, ces voleurs, quoique déjà chargés de butin, résolurent, à l'instigation de l'un d'eux, de venir s'emparer de la personne du pieux

---

(1) *A castro divionensi veniebant raptores.* — Dijon n'était alors qu'une bourgade connue sous le nom de *Castrum,* camp fortifié.

3

ermite et de le mettre à la torture jusqu'à ce qu'il leur livrât ses prétendues richesses. Mais tandis qu'ils s'avançaient vers la demeure du saint, l'auteur de cet odieux complot fut mordu par un serpent venimeux. Frappés de cet accident, qu'ils regardent comme une punition du ciel, ces hommes méchants sont tout-à-coup pénétrés de repentir et renoncent à leur criminel dessein. Ils continuent donc leur chemin vers Silèze, non plus pour nuire au saint ermite, mais pour venir se jeter à ses pieds, lui confesser humblement leur crime et le prier de leur faire grâce. Lautein, qui avait l'âme toujours ouverte à la bonté et à la miséricorde, accueillit avec douceur ces visiteurs étranges, leur pardonna de grand cœur et guérit à l'instant le malheureux que le serpent avait mordu. Il y a dans l'âme des saints et des fidèles serviteurs de Dieu, des trésors de bonté, de miséricorde et d'amour que l'homme serait incapable d'acquérir s'il n'allait puiser à une source divine. C'est le propre du christianisme seul de donner au monde ces âmes généreuses et magnanimes, qui savent aimer un ennemi, baiser la main qui les frappe, et prier pour un bourreau.

Seule la religion, à tous les âges de l'Eglise, comme de nos jours encore, offre ce grand et sublime spectacle, parce que seule elle vient de Celui qui, sur la Croix du Calvaire, a dit pour nous cette parole à jamais bénie : « Mon père, pardonnez-leur, car ils ne savent ce qu'ils font. »

CHAPITRE VI.

Fondation des monastères de Silèze et de Maximiac.

Cependant, ces prodiges et beaucoup d'autres encore que Dieu opérait par son serviteur, avaient porté au loin la réputation de sainteté dont jouissait déjà le pieux solitaire de Silèzé. Dès lors, ce ne furent plus seulement des pèlerins qui vinrent le visiter et se recommander à ses prières, mais de nombreux disciples qui, épris aussi des charmes d'une vie de prière et de consécration à Dieu, quittèrent le monde et accoururent auprès de notre saint, lui demandant de vivre sous sa direction et de partager avec lui le bonheur de sa pieuse retraite. Il fallut donc construire un grand nombre de cellules sur cette terre où Lautein avait cru pouvoir vivre ignoré de tous, et bientôt il devint supérieur et abbé d'une communauté qui ne comptait pas moins de soixante-dix religieux. Telle fut l'origine première du monastère de Silèze dont les annales du pays ont conservé le souvenir sous le nom de prieuré de Saint-Lautein.

Enfant du couvent de Saint-Symphorien, il est à croire que Lautein introduisit à Silèze les usages, les coutumes et la règle du monastère d'Autun. Notre terre vit donc se reproduire les merveilles de la vie cénobitique unie à la vie solitaire, et les religieux de Silèze, comme leurs frères d'Autun et de Condat, partageaient leur vie entre la prière, les chants sacrés et les fatigues d'un rude travail accompli dans le silence.

Mais bientôt ce premier couvent ne fut plus assez vaste pour contenir tous les nouveaux disciples qui venaient se ranger sous la conduite de Lautein. Le saint abbé songea donc à créer un nouveau monastère, et c'est à Maximiac, nous dit l'auteur anonyme de sa vie, qu'il fonda cette seconde maison de retraite, de prière et d'étude.

Où était situé Maximiac ? Telle est la question qui se pose naturellement à l'esprit du lecteur ? Pour la résoudre, les historiens qui ont parlé de notre saint, à défaut d'indications certaines données par le biographe, ont fait les conjectures les plus diverses. Une longue discussion sur ce point sortirait sans doute des limites que nous devons nous imposer. Nous ne pouvons cependant nous dispenser d'examiner ici sommairement les diverses opinions qui se sont produites au sujet de l'emplacement de Maximiac, et d'indiquer celle à laquelle nous avons cru pouvoir nous rattacher comme à la plus admissible et la mieux fondée.

Selon Doncieux, prieur de Baume vers 1574 et auteur d'une histoire manuscrite de l'abbaye de ce nom, on croyait, à cette époque, que Maximiac était le prieuré de Mesnay-les-Arbois. Mabillon traduit par Moisnay et le place, par une singulière distraction, au diocèse d'Autun (1).

C'est sans doute de Mesnay-les-Arbois qu'a voulu parler le savant bénédictin. La supposition de ces deux auteurs ne paraît pas admissible parce que, indépendamment de l'ab-

(1) *In pago Œduensi. Act. SS. sæc quint.*

sence de toute preuve qui l'établisse, il est
certain que le prieuré de Mesnay a toujours
dépendu de l'abbaye de Saint-Claude, et n'a
jamais tenu par aucun lien ni à Saint-Lautein, ni à Baume. Chevalier (1), Rousset (2),
et quelques autres placent Maximiac à Buvilly. Mais les raisons qu'apportent **ces auteurs**, n'ont pas de poids et ne sont que des
conjectures dénuées de tout fondement. Rien
d'ailleurs dans le texte que nous suivons et
qui est du ixe siècle, n'indique, comme le ré-
pètent plusieurs écrivains, que Maximiac
fût dans le voisinage de Silèze.

*Construxit aliud monasterium in loco cui vo-
cabulum Maximiacum.*

*Il construisit encore un autre monastère dans
un lieu appelé Maximiac.*

Serait-ce donc à Baume qu'il faudrait aller
chercher l'emplacement de Maximiac ? Ainsi
l'ont pensé Dunod (3), dom Grappin (4),

(1) *Hist. de Poligny*, t. ii.

(2) *Dictionnaire hist. du Jura.* t. i^{er}.

(3) *Hist. de l'église, ville et diocèse de Besançon*,
t. ii.

(4) *Hist. abrég. du C. de Bourgogne*

Hugues Dutemps (1), D. Monnier (2), etc.
Mais de tous ces auteurs, aucun n'apporte de
preuves sérieuses pour appuyer une pareille
allégation. M. Tissier adoptant l'opinion de
Dunod, cherche, par diverses considérations,
à établir que Baume était bien Maximiac ;
mais toutes les raisons qu'il allègue ne sont
comme celles de ses devanciers, que de
simples conjectures, fort difficiles à admettre
par la critique. D'ailleurs, le texte même du
biographe indique assez clairement que Maximiacum ne devait point se trouver dans la
direction de Baume-les-Moines. « Saint Lautein, est-il dit en effet, revenait de Maximiac à Silèze, et lorsqu'il approchait de
Grozon, il rencontra saint Grégoire : *Tunc
exiens inde Siesiam reverti cæpit, et cum appropinquasset Grausonem, etc.* » Si Maximiac était
Baume, comment admettre et expliquer que
pour se rendre directement à Silèze, notre
saint eût passé par Grozon ? Il est vrai que
c'était à peu près son chemin si Maximiac
eût été Mesnay ; mais le mot Maximiacum,

(1) *Le clergé de France*
(2) *Ann. du Jura.*

philologiquement parlant, n'a pas pu former
le mot Mesnay, et nul document, nulle tradition n'indique que Mesnay non plus que
Buvilly, ait jamais porté ce nom. Nous
sommes donc obligés de placer Maximiac
dans la direction nord-est de Silèze, sur un
point assez rapproché de la grande voie romaine de Besançon à Lyon, voie que devait
suivre notre saint abbé lorsqu'il rencontra
son illustre ami Grégoire de Langres. Tel est
aussi le sentiment de l'auteur de l'*Essai historique sur les origines de l'abbaye de Baume*, qui
fixe lui-même l'emplacement de Maximiac à
Mesmay, petit hameau à peu de distance de
Quingey, sur la route même dont nous ve-
nons de parler. Rien, il est vrai, dans les traditions locales, ne confirme cette conjecture;
mais l'étymologie du nom, la position du lieu,
l'erreur des autres hypothèses sont autant de
présomptions en faveur de cette opinion. Au
surplus il n'est point surprenant de ne trouver rien ni dans la tradition locale, ni dans
les documents, qui rappelle l'existence du
monastère de Maximiac. Il ne faut pas
oublier, en effet, que dans le commencement
du viiie siècle la Bourgogne fut mise à feu et

à sang par les Sarrazins dont les fureurs s'exercèrent surtout contre les moines, les couvents et les églises (1). De bonne heure donc le monastère de Maximiac aura disparu dans ces ruines amoncelées par les barbares, et, avec lui, auront été anéantis tous les titres qui pouvaient rappeler son histoire. (2).

(1) In illa provinciæ et Burgundiæ clade pleraque ordinis nostri monasteria incensa ac pessumdata, monachi passim cæsi, sacra loca in solitudinem redacta. (Mab. *ann ord. Ben.* tom II p. 82).

(2) Quelques auteurs ont aussi attribué à saint Lautein la fondation d'un 3ᵉ monastère nommé Etice ou Mouthier en Bresse, sans doute parce que ce monastère est cité dans les titres depuis 1089 comme une dépendance de Silèze ou de Baume, et qu'en 1516 le prieur de Mouthier possédait encore un meix près de l'église de St-Lautein. Mais le monastère d'Étice a toujours été sous le vocable de St-Oyant, ce qui doit empêcher d'attribuer sa fondation à saint Lautein. D'ailleurs l'auteur de sa vie n'eût certainement point omis de parler de cette nouvelle filiation de Silèze.

CHAPITRE VII.

Ferveur des religieux sous la conduite de saint Lautein.

Quoi qu'il en soit de l'emplacement certain du second monastère fondé par notre saint abbé de Silèze, nous savons que les religieux qu'il y avait placés étaient tous très-fervents et donnaient les plus beaux exemples de toutes les vertus monastiques. Ils étaient environ quarante, nous dit le légendaire, tous vaillants dans les combats qu'ils livraient chaque jour à la chair, par le moyen de l'abstinence, des jeûnes rigoureux et des longues veilles passées dans l'oraison. (1) Formés à l'école de la perfection par un maître aussi saint et expérimenté dans les voies de Dieu, ils se distinguaient tous par le désir ardent

(1) *Omnes fortes in abstinentia, in vigiliis, etc. Vita s. Laut. ms.*

de suivre ses exemples et ses leçons. L'obéissance surtout était en singulier honneur parmi eux, parce que sans nul doute le saint
abbé ne cessait de la leur faire aimer comme
la vertu première du bon religieux, la gar-
dienne fidèle de la discipline et la base solide
de toute sainteté. Le biographe raconte
même, à ce sujet, un trait qui semblerait
tout-à-fait incroyable, si la vie des saints de
tous les temps ne nous avait accoutumés à
reconnaître combien Dieu aime l'obéissance,
et de quelles faveurs insignes il se plaît à la
récompenser même dans ce monde.

Un jour donc, dit-il, que le four était
chauffé pour la cuisson du pain, saint Laufein,
assuré sans doute d'avance du miracle qui
allait s'opérer, ordonna à Pharadée, l'un de
ses disciples, d'entrer dans ce four pour le
nettoyer. Pharadée, qui avait coutume d'obéir
sur-le-champ à tous les ordres de son supérieur, n'hésite pas un seul instant et se jette,
plein de confiance, au milieu de la fournaise.
Son obéissance et sa foi reçoivent aussitôt
même leur juste récompense, car Dieu re-
nouvelant le miracle opéré jadis en faveur
des trois jeunes Hébreux, notre humble reli-

gieux accomplit sa tâche et sort du four aussi
intact qu'il y était entré.

Que ce miracle se soit accompli à Maximiac
plutôt qu'à Silèze, c'est ce que l'on n'est pas
en droit de conclure nécessairement de la
narration du biographe. Au reste les religieux de Silèze ne le cèdaient en rien à leurs
frères de Maximiac pour le zèle de la perfection et la pratique des vertus monastiques.
Si ces derniers, en effet, avaient l'avantage de
voir le saint abbé au milieu d'eux une
grande partie de l'année, c'est à Silèze cependant qu'il avait coutume de résider tout le
temps de carême et les jours de pénitence
plus rigoureuse (1).

Mais ces efforts généreux que les disciples
faisaient chaque jour pour suivre leur maître
dans la voie de la sainteté; ces actes admi-

(1) *Hic itaque in Maximiacenci monasterio amplius
conversabatur* ; *sed diebus jejuniorum et arctioris
vitæ cursum perficere cupiens, Sicsiam remeabat.* C'est
le contraire qu'ont avancé M. Tissier et les auteurs de
la vie des saints de Franche Comté ; mais ils ont été,
on le voit, induits en erreur par le texe incomplet ou
mutilé qu'ils avaient sous les yeux.

rables de vertu que Dieu se plaisait à récompenser devant les hommes, le démon ne pouvait les voir d'un œil indifférent. Aussi redoublait-il de rage contre le saint abbé, et s'efforçait-il de nouveau de l'intimider par des apparitions monstrueuses. C'est ainsi qu'un jour étant seul dans sa cellule, Lautein vit tout-à-coup apparaître un énorme serpent qui menaçait de s'élancer sur lui. Sans se troubler aucunement, le pieux abbé se met à invoquer celui qui a promis à ses fidèles serviteurs le pouvoir de chasser les démons, de manier les serpents sans danger et de commander aux éléments : « Seigneur, dit-il, délivrez-moi de l'homme méchant et trompeur qui darde sa langue comme le serpent et qui distille de ses lèvres le venin des aspics, pour me livrer combat et me donner la mort (1). »

Ensuite, faisant le signe de la croix, il invoque le nom tout-puissant de N. S. J. C. et voit à l'instant le monstre périr à ses pieds.

(1) Ps. 139.

CHAPITRE VIII.

Nouveaux miracles du saint. — Son zèle pour la perfection.

Quelque grandes cependant que fussent les faveurs dont notre saint était l'objet, dans son humilité il prenait bien garde de les faire connaître en public. Il comprenait que les communications intimes de l'âme avec Dieu et les grâces qui en découlent sont comme un parfum exquis que l'on doit garder soigneusement fermé, sous peine de lui voir perdre tout son prix. Toutefois il en faisait part à un seul de ses disciples, Siagrius, celui qui marchait le plus près à sa suite dans le chemin de la sainteté. Mais ce n'était toujours qu'avec des motifs surnaturels, tantôt pour inviter ce frère à remercier Dieu avec lui, tantôt pour lui prouver combien la prière humble et persévérante a de crédit auprès du Seigneur, et toujours pour lui donner ainsi la part de l'amitié sainte dans le trésor de ses faveurs célestes. Lautein, en effet, devait avoir pour Siagrius cette amitié si vraie, si tendre et si sainte dont les annales monasti-ques nous ont donné souvent de si touchants exemples. Siagrius d'ailleurs était le con-seiller intime de notre saint abbé, car, selon la règle alors suivie dans le monastère, l'abbé, aussi bien que chaque religieux, avait un frère auquel il s'ouvrait sur le détail de sa vie spirituelle pour en recevoir des conseils ou des avertissements pieux (1).

Cependant malgré tout le soin qu'il appor-tait à fuir ce qui était de nature à grandir sa réputation de sainteté aux yeux des hommes, notre bienheureux abbé ne pouvait se sous-traire à cette renommée. Dieu, pour sa plus grande gloire, voulait faire éclater en public et le mérite de son serviteur, et les merveilles qu'il opère par ses saints. C'est ainsi qu'on amena un jour auprès de saint Lautein un

(1) . . . *Qui secundum normam sanctitatis, illius vitæ ab ipso institutus ei familiaris et unanimis erat.* V S. Laut.

homme appelé Léontius (1), aveugle depuis six ans environ. Le pieux abbé ayant pris de l'huile, en oignit les yeux de ce malheureux, et à l'instant ils se rouvrirent à la lumière. Puis voulant rapporter toute la gloire de cette guérison miraculeuse à la toute puissance de Dieu et à la foi du malade, il s'écrie plein d'admiration pour la miséricorde divine : « Ce sont là vos œuvres, Seigneur ! Tels sont vos dons et vos récompenses. Voilà les effets de vos promesses ; car dans votre Evangile, vous avez daigné vous-même promettre toute puissance à la foi, en disant : « Celui qui croit en moi fera, par mon secours, les mêmes œuvres que moi et de plus grandes encore (2). Vous seul, Seigneur, êtes le Roi éternel ; vous seul opérez ces merveilles que nous admirons. »

Le biographe que nous suivons affirme qu'il a été témoin de tous les faits miraculeux qu'il raconte : « Je l'atteste, dit-il, en présence de Dieu que je prends à témoin de la vérité de mes paroles ; l'auteur de toutes

(1) Léontius et non point Aleoncrus. V. S. Laut man ıxe siècle.

(2) JOANN. xiv.

merveilles a glorifié son serviteur par tant d'autres miracles, qu'il m'a semblé opportun de les omettre à cause de leur grand nombre, afin de n'être pas trop long dans cette histoire. » Nous ne pouvons que regretter cette omission et déplorer le scrupule du légendaire de Silèze ; car il eût été fort édifiant et consolant pour tous d'admirer la bonté et la puissance de Dieu autant de fois qu'il lui a plu de les manifester sur notre terre, par celui qui fut notre père dans la foi.

Le disciple résume donc en quelques mots tous les autres prodiges qu'opérait son pieux maître. « Par ses prières, dit-il, saint Lautein, dans un grand nombre de circonstances, a délivré des possédés du démon, rendu la vue aux aveugles, l'ouïe aux sourds, la parole aux muets, et guéri toutes sortes de maladies. » — Dieu lui avait aussi accordé le don de lire dans l'intérieur de l'âme, et de connaître les secrètes dispositions des cœurs. « Si quelquefois, continue le biographe, l'esprit tentateur suggérait à quelqu'un de nous, ses disciples et ses frères, une pensée mauvaise, l'anxiété, la colère, la passion de l'argent, ou la paresse, rien de toutes ces tenta-

tions ne lui échappait. Il découvrait à chacun
ses propres pensées, ses paroles et ses actes,
pour l'avertir ensuite et l'aider, par de tou-
chantes exhortations, à veiller avec soin, et à
repousser avec fermeté toutes les attaques du
démon. » La vie religieuse, on le voit par ce
détail du biographe, ne met pas ceux qui
l'embrassent à couvert des traits de l'ennemi
de notre salut. Dans le siècle, cependant, on
ne la comprend pas toujours comme il con-
vient. Il n'est pas rare en effet d'entendre des
propos qui ont pour but de rabaisser le mérite et la vertu des âmes consacrées à Dieu
par la profession religieuse. On proclame
cette vertu facile et libre de toute entrave, et
l'on croit trouver ainsi une sorte d'excuse
pour les faiblesses et les relâchements dont
le monde est tous les jours le théâtre. Sans doute, Dieu, qui demande du religieux une plus
haute perfection, lui donne une plus grande
somme de grâces, l'entoure de ses faveurs et
lui montre un horizon plus vaste et plus céleste que celui qui se développe aux regards
de la foule; sans doute aussi, le religieux
fidèle à sa règle goûte un bonheur bien supérieur aux joies mondaines; mais il n'en de-

meure pas moins soumis à la nécessité
commune à tous de combattre chaque jour
pour la défense de sa vertu, et l'acquisition
du patrimoine divin dont la possession tranquille n'est assurée que dans le ciel. Les
épreuves, d'ailleurs, venant pour purifier sa
vertu, et la nature parfois réclamant ses droits,
le soldat du Christ a besoin alors d'entendre
une voix amie qui l'avertisse, l'encourage et
le fortifie. Or cette voix, Lautein la faisait
entendre souvent au milieu de ses disciples
pour guider leurs pas ou les soutenir dans la
fidélité à leur règle et dans la voie de la sanctification. Ses exemples, au surplus, venaient
toujours corroborer ses leçons et leur commu-
niquer cette force secrète qui a tant d'efficacité
pour captiver les âmes et renverser les plus
grands obstacles. Il se distinguait entre tous
par son assiduité à tous les exercices de la communauté, aussi bien que par son amour pour
les rigueurs de la pénitence. Fidèle à suivre
le conseil du divin maître (1) « il ne cessait
de prier le Seigneur, de chanter ses louanges,
et vaquait jour et nuit aux exercices de la vie

(1) *Oportet semper orare et nunquam deficere.*

spirituelle. Son âme était si étroitement unie
à Dieu par la prière persévérante que, dans
le peu de temps qu'il donnait au sommeil, il
pouvait dire comme l'époux des cantiques : :
Je dors, mais mon cœur veille (1). »

Cette union intime avec Dieu, dans l'oraison et tous les exercices de la vie religieuse,
était, pour notre saint, la source intarissable
d'une joie intérieure qui se réflétait au-dehors
dans la douce expression de sa figure, dans
ses paroles et dans toutes ses démarches. Il
avait le visage gai et l'humeur toujours égale.
sans jamais montrer de tristesse. Cela ne doit
point nous surprendre, parce que, pour ces
moines, ministres de la paix, soldats de la
paix, comme ils s'appelaient eux-mêmes, la
promesse du Seigneur s'accomplissait à la
lettre : Qui prend le parti de la paix, trouve
la joie à sa suite (2).

Mais cette joie, cette paix qui remplissaient
l'âme de notre saint abbé, il n'en savourait
pas seul toutes les délices ; il la répandait avec
amour sur tous ceux qui l'entouraient. La misé-

(1) CANTIC. V. 2.
(2). PROV. XII, 20.

ricorde était en son cœur et personne ne s'approchait de lui sans éprouver les bienfaisants effets
de son admirable charité. La vie de solitude
·et de mortification à laquelle se voue le religieux en renonçant à toutes les affections et
à toutes les joies de la famille, n'éteint pas,
comme on le prétend faussement, l'amour du
prochain dans son cœur; elle en augmente
l'intensité, et le multiplie en purifiant sa
source. De son âme échauffée au foyer de
l'amour divin, saint Lautein laissait donc sa
charité rayonner non-seulement sur ses frères
du cloître, mais encore au-dehors sur tous les
étrangers qui se présentaient à la porte du
monastère.

Ils étaient nombreux, ces indigents du
monde, qui venaient non-seulement chercher
le pain matériel de l'aumône, mais aussi implorer les secours de la prière. En même
temps qu'ils s'édifiaient des exemples de la
vie religieuse, ils rencontraient là ces consolations si efficaces que la charité des moines
sut verser à toute heure dans les cœurs fati-
gués de la vie ou tourmentés par les épreuves
et les secousses des passions. Le saint abbé
de Silèze montrait dès lors ce que devait

proclamer si haut dans la suite des âges, la
conduite de tous les moines fidèles à leur
institut : que nul ne sait mieux que le religieux pleurer avec ceux qui pleurent, et que
nulle part, l'homme, dans ses joies ou dans
ses douleurs, ne rencontra des sympathies
plus vives et plus fécondes que sous le froc
du moine. Aussi, attirés par la sainteté de
l'abbé de Silèze et par la perspective du bonheur qu'ils goûteraient dans le voisinage de
sa pieuse retraite, beaucoup d'habitants de la
contrée vinrent s'établir sur le penchant de
la colline, autour du monastère, et commen-
cèrent à cultiver ce sol que les moines avaient
déjà défriché et arrosé de leur sueur. Telle fut
l'origine du beau village qui porte aujourd'hui
le nom de notre saint religieux. Pour ces
populations naissantes comme pour les nombreux pèlerins qui venaient à Silèze, Lautein
vérifiait en sa personne ce que saint Jean
Chrysostôme disait des moines de l'Orient :
« Les moines sont comme des phares situés
sur de hautes montagnes, qui attirent tous
les navigateurs au port tranquille qu'ils éclai-
rent. Ceux qui les contemplent n'ont plus à

craindre ni les ténèbres ni les naufrages (1). »
C'est que, en effet, à cette époque lointaine,
comme plus tard au temps de grande foi du
moyen-âge, on savait l'importance des ordres
monastiques. Dans le monde, on comprenait
mieux que de nos jours, que la religion seule
tient le flambeau qui éclaire notre marche, et
que, dans la balance où se pèsent les destinées
de l'humanité, la prière et la pénitence ont
plus de poids que toutes les ressources in-
ventées par le génie des hommes

Cependant, plus notre saint témoignait de
charité et de douceur pour tous ceux qui venaient solliciter de lui quelque faveur, plus il
devenait sévère à lui-même. C'est un des caractères de la véritable sainteté, en effet,
d'user d'indulgence envers autrui et de ne
réserver, en quelque sorte, que pour soi les
rigueurs de la pénitence et de la mortification. Lautein, d'ailleurs, se rappelait sans
cesse le conseil de l'apôtre qui réduisait son
corps en servitude pour ne point perdre le
fruit de ses labeurs. Sans calculer jamais la
distance qu'il avait déjà parcourue, mais tou-

(1) S. J. Chr. Hom. 59.

jours soucieux d'avancer de plus en plus dans
la voie de la perfection, il redoublait d'aus-
térité afin de s'assurer la couronne qui n'est
décernée qu'à la persévérance. « Il crucifia si
rudement sa chair par les jeûnes, les veilles
et toutes les autres pratiques de la pénitence,
que sa vie, nous dit son disciple, eut le mérite d'un long et véritable martyre. »

CHAPITRE IX.

Saint Lautein est ordonné prêtre.

Cependant saint Lautein avançait en âge, et quelque éminente que fût sa sainteté, il n'avait jamais voulu consentir à recevoir l'ordre de la prêtrise. Depuis longtemps sans doute, ses disciples désiraient le voir honoré de cette dignité, mais, à l'exemple d'autres grands saints, il s'était toujours jugé indigne d'un tel honneur, et incapable de porter un fardeau redoutable aux anges mêmes. Peut-être aussi pensait-il, comme quelques saints religieux, qu'il est plus avantageux à un abbé de gouverner une communauté sans être élevé à la dignité sacerdotale, et qu'il ne faut point exposer aux désirs de l'ambition ou aux attaques de l'orgueil ceux qui sont hono-rés d'un caractère divin. Vaincu cependant par les pressantes sollicitations des religieux de sa communauté, et reconnaissant qu'elles

étaient l'expression de la volonté divine,
Lautein consentit à recevoir l'onction sacerdotale. Il fut ordonné par l'évêque saint
Amant, soit que ce prélat fût venu lui-même
à Silèze ou à Maximiac, soit qu'il eût mandé
notre saint au lieu de sa résidence. C'était
vers l'an 493, selon Lecointe (1), ou plus pro-
bablement vers l'an 500 selon l'ordre chro-
nologique que nous avons adopté. Saint Lautein avait alors un peu plus de 50 ans (2).

Le biographe de notre saint ne dit point
quel était cet évêque Amant, et les historiens sont partagés· d'opinion relativement à
ce personnage. Doncieux, dans son histoire
manuscrite de Baume, appelle Amantius,
évêque de Nyon ou de Rhodez. Sur la fin
du vᵉ siècle, en effet, l'église de Rhodez
eut pour évêque un saint Amant ou Cha-

(1) Lecointe, tome 1, p. 424.

(2) Le manuscrit du xviiᵉ siècle, suivi par M Tissier et l'auteur de la vie des saints de Franche-
Comté, donne 53 ans. Mais le vélin du ixᵉ siècle dit
seulement un peu plus de 50 : *Cum autem ætatis
affuit ut jam non minus sed plus quinquaginta anno-
rum spatium transcenderet.*

mant ; mais on ne saurait lui attribuer l'ordination de notre saint abbé, car la juridiction
de chaque évêque étant fixée par les conciles,
nul ne pouvait l'exercer en dehors du pays
qui lui était soumis. Pour le même motif, on
ne saurait regarder saint Amant comme un
de ces évêques régionnaires qui exerçaient
les fonctions épiscopales dans les diverses
contrées où ils se trouvaient. L'Irlande et la
Grande-Bretagne, il est vrai, en fournirent
plusieurs vers cette époque. Mais ces évêques,
ou plutôt ces apôtres, ne se dirigèrent que
vers les contrées encore dépourvues de pasteurs, et l'on n'en vit point dans nos provin-
ces (1). Le Père Chifflet pense que saint
Amantius était évêque de Nyon en Suisse,
suffragant de Besançon, ou de Besançon
même, car il devait avoir juridiction sur le
pays où se trouvaient les communautés de
notre saint. Il habitait alors Nyon devenue
momentanément la résidence des évêques de

(1) Saint Anatoile était évêque assurément quand il
vint à Salins ; mais c'était pour y vivre en ermite et
non pour exercer les fonctions de son sacerdoce.

Besançon, depuis la ruine de cette dernière ville par les bandes d'Attila.

Ce que dut produire la grâce du sacerdoce dans l'âme de notre saint abbé, on le comprend aisément par tout ce que nous savons de ses hautes vertus. Il redoubla donc encore de ferveur dès que brilla sur son front la double couronne du prêtre et du religieux. Son amour pour Dieu ne fit que grandir, et l'esprit de sacrifice, qui a sa source à l'autel même de Celui qui s'est fait victime pour nous, fut plus que jamais l'âme de toute la vie du saint abbé.

Quand le pieux visiteur descend dans la crypte ou église souterraine de Saint-Lautein, il rencontre au milieu de la nef principale, un hôtel dont la pierre, grossièrement taillée, est revêtue d'une couche de plâtre. Selon une tradition constante, cet autel est celui même sur lequel le saint religieux offrait le très-divin sacrifice. Cette crypte, en effet, malgré les transformations et les modifications que les siècles ont pu y apporter, n'est autre chose que l'oratoire ou église du monastère de Silèze. Selon toute apparence, elle était dédiée à saint Martin, le grand thaumaturge des Gaules, et dont le culte était en singulier honneur dans la patrie de saint Lautein (1). C'est donc là, aux pieds du Dieu de l'Eucharistie, que notre bienheureux allait jour et nuit puiser la lumière, la force et la science de la sainteté ; c'est à ce foyer que son cœur s'enflammait de cette charité dont l'ardeur se reflétait au dehors dans l'accueil si tendre qu'il faisait à tous ceux qui s'approchaient de lui, et dans la bonté touchante qui dictait toutes ses paroles et inspirait toutes ses démarches.

Ainsi vivait saint Lautein, aimé de tous ses disciples dont il se montrait l'ami et le père, vénéré comme un saint par les étrangers dont il était, en toute circonstance, le bienfaiteur, la lumière et le conseil. Ainsi vécurent aussi les milliers de moines qui ont peuplé les cloîtres, pendant bien des siècles, tant que les puissances de la terre leur ont laissé leur liberté d'action et n'ont pas porté,

(1) Le sceau de Gérard, prieur de Saint-Lautein, pendant à une charte de l'an 1286 représentait saint Martin coupant son manteau pour en vêtir un pauvre. (Chevalier, *Hist. de Pol.* tom. II.)

avec des prétentions injustes, le trouble et le malheur au sein des ordres religieux. Ils passaient au milieu de l'humanité comme des génies bienfaisants, semant le bien partout autour d'eux, sans bruit, sans ostentation, uniquement pour gagner le ciel et plaire à Celui qui a dit : Aimez-vous les uns les autres.

Et ces dévouements, redisons-le en passant, ne se sont point perdus à jamais dans les profondeurs d'un autre âge. Notre siècle pourrait, aujourd'hui encore, les admirer aussi vivants qu'autrefois, si le parti-pris de ne rien voir et de fermer les yeux à l'évidence, si les haines injustes ou une ignorance aveugle ne l'empêchaient de reconnaître hautement que toujours la religion est féconde en œuvres de charité et qu'elle seule sait inspirer les cœurs généreux qui se vouent, sous l'habit religieux, au bien de leurs semblables.

CHAPITRE X.

Dernières années du saint. — Son entrevue avec saint Grégoire de Langres.

L'abbé de Silèze, cependant, approchait du terme de sa carrière, et le jour n'était pas loin où Dieu allait lui décerner la couronne réservée aux généreux athlètes du Christ. Avant de l'appeler à lui, toutefois, le Seigneur voulait donner à son cœur d'ami, de religieux et de prêtre, une de ces joies qu'il réserve parfois, ici-bas même, à ceux-là qui les ont fuies et dont la jouissance est si douce pour des cœurs saintement unis. Lautein, en effet, allait revoir un de ses pieux amis d'enfance, Grégoire, que Dieu avait appelé aussi à être une lumière de son Eglise.

Pendant que le saint abbé de Silèze renouvelait dans notre contrée, comme nous l'avons vu, les merveilles de la Thébaïde, faisant fleurir le désert par sa sainteté, ses miracles

et les vertus éminentes de ses nombreux disciples, Grégoire son ami était, on le sait,
resté au milieu du monde pour l'édifier par
l'exemple des hautes vertus qu'il pratiquait
dans sa triple charge de magistrat, d'époux
et de père. Le légendaire de Silèze, à la vérité, ne nous parle point de relations qui
aient existé entre saint Lautein et Grégoire
d'Autun ; mais il est permis de croire que, si
les deux amis ne se virent pas durant de
longues années, ils échangèrent quelquefois
cependant des communications épistolaires.
Quelque soin, en effet, qu'eût pris Lautein
pour cacher le lieu de sa retraite, sa réputation de sainteté et le bruit de ses miracles
avaient dû parvenir jusqu'aux oreilles du
gouverneur d'Autun. On comprend dès lors
que Grégoire ait senti le besoin de renouer
avec Lautein les liens de leur ancienne et
sainte amitié. Il savait trop le prix du conseil
des sages et des élus du Seigneur pour ne
pas le rechercher avec empressement. Aussi,
bien que sa fermeté dans les principes, sa
sagesse dans l'administration et son dévouement à la religion eussent toujours fait de lui
au milieu du monde, un modèle accompli du

magistrat intègre et du chrétien fervent, il sentait la nécessité de recourir encore aux lumières de son saint ami, et de consulter celui à qui le Seigneur semblait avoir ouvert les secrets de sa sagesse.

Mais le temps était venu où Dieu allait faire briller dans le sanctuaire ces vertus que Grégoire pratiquait si hautement dans le monde. Ce grand homme de bien remplissait depuis quarante ans la première charge de sa ville natale quand Dieu lui enleva la pieuse compagne de sa vie (1).

Le noble comte profita de ce coup providentiel pour renoncer au monde, abdiquer son gouvernement, et consacrer à Dieu, dans les rangs du clergé, ses forces encore vives et son dévouement toujours généreux. Il avait alors 58 ou 60 ans. Son désir eût été de vivre dans l'humilité d'une modeste charge; mais ses qualités éminentes, auxquelles s'était attachée une grande réputation, ne lui permi-

(1) Armentaria, femme de Grégoire, était digne de lui par sa piété et sa naissance; elle lui avait donné deux fils, Tetricus et Grégoire : c'est ce dernier qui fut l'aïeul de l'historien saint Grégoire de Tours.

rent pas de rester longtemps simple prêtre dans la ville d'Autun. En 506 il fut porté au siége épiscopal de Langres qu'il devait illustrer encore durant trente-trois ans.

Grégoire portait depuis dix ans la houlette pastorale lorsque mourut Gondebaud, roi de Bourgogne. Autant ce prince avait favorisé l'hérésie des Ariens et entravé les progrès de l'Eglise, autant Sigismond, son fils et successeur, converti depuis 504, avait à cœur de rendre la liberté aux églises de son royaume et de travailler au développement de la vraie foi. A peine donc fut-il monté sur le trône que, répondant aux désirs du Pape Hormisdas et des métropolitains de la Bourgogne, il ouvrit, le 6 septembre 517, le concile d'Epaône auquel assista saint Grégoire. Ce prélat résidait à Dijon, comme ses prédécesseurs, depuis que Langres avait été dévastée par Attila. Epaône, siége du concile, était, selon quelques auteurs, située près d'Agaune dans le Valais ; mais, d'après le plus grand nombre, c'était la petite ville connue aujourd'hui sous le nom de Yenne, en Savoie. Pour s'y rendre, Grégoire devait passer par Besançon ou par Châlons, selon que l'on admet

l'une ou l'autre opinion. Mais quoi qu'il en
soit, ses occupations, cette fois, ne lui permi-
rent point de se détourner pour aller visiter
son saint ami, l'abbé de Silèze. Cependant
l'année suivante, s'étant mis en route pour
Genève, le saint évêque prit la grande voie
romaine qui venait du nord-ouest, passait par
Poligny et de là atteignait Genève. Le biographe de saint Lautein ne fait point connaître
le motif de ce voyage, et saint Grégoire de
Tours, qui a raconté la vie de son aïeul, n'en
parle pas davantage. Comme le roi Sigismond
résidait alors habituellement à Genève et que
ce prince était tout dévoué aux intérêts de
l'Eglise, on peut vraisemblablement supposer
que Grégoire allait solliciter de lui quelque faveur ou traiter de quelque importante affaire religieuse. Mais quelque but qu'ait eu le saint évêque, c'est dans ce voyage, le seul dont parle
l'anonyme, que saint Grégoire et saint Lautein
eurent le bonheur de se rencontrer et de passer une journée entière en de pieux entretiens (1). Saint Lautein revenait de Maximiac

(1) Guidés par un texte incomplet, où les copistes
se sont permis des transpositions fâcheuses qui jet-

à Silèze, en suivant la grande voie romaine de Vesuntio (Besançon) à Lugdunum (Lyon), voie qui traversait le territoire de Mesmay,

tent la confusion dans une narration très simple et très-claire d'elle-même, MM. Tissier et les auteurs des vies des saints de Franche-Comté, tom. III, supposent que l'entrevue des deux saints eut lieu dans un second voyage, le jour de Pâques, vers le 15 avril. Il y a là une erreur évidente qui ne peut être attribuée qu'aux transpositions regrettables dont nous avons parlé. D'après le texte complet et intègre que nous suivons, il apparaît clairement, en effet, que l'entrevue de saint Grégoire et de saint Lautein eut lieu cinq jours avant la mort de ce dernier. Or, celui-ci étant mort le jeudi 1er novembre, l'entrevue se passa le dimanche précédent, dernier dimanche d'octobre de la même année. En présence du contexte, il n'est donc nullement possible de traduire : *Erat prima feria quæ vocatur dies resurrectionis Domini* par c'était le jour de Pâques. Les mots : *dies resurrectionis Domini* ne sont qu'une explication des mots *prima feria*, et signifient seulement *dimanche*. L'emploi de l'indicatif présent *vocatur* : *qui s'appelle*, prouve assez d'ailleurs que l'écrivain n'a voulu que constater une chose qui a lieu habituellement. Mais encore une fois, la suite de la narration seule suffit pour établir ce que nous avons avancé.

5

le village de Grozou, et passait à peu de distance de Silèze (1).

C'était le dernier voyage du saint abbé, et sa communauté de Maximiac ne devait plus jouir de sa présence. Avant son départ, en effet, Lautein avait eu révélation de sa fin prochaine, par le ministère d'un ange. Cette faveur, Dieu l'a bien souvent accordée à ses saints comme une récompense anticipée de leur foi vive et une satisfaction bien légitime donnée aux désirs ardents qu'ils ont eus de se réunir à l'unique objet de leur amour.

Comme notre saint approchait donc de

(1) Mabillon dit que l'abbé de Silèze partait pour Genève quand il rencontra saint Grégoire. Le père Chifflet affirme que saint Grégoire *revenait* de Genève, et Dunod avance que l'entrevue des deux saints eut lieu près de Genève. Tous ces auteurs semblent avoir lu avec distraction la légende de saint Lautein, ou n'avoir eu sous les yeux qu'une copie défectueuse. Le texte est formel : « Saint Grégoire allait à Genève et saint Lautein revenait de Maximiac : l'entrevue eut lieu à Groson *Tunc exiens inde reverti cæpit, et cum appropinquasset Grausonem obvius factus est ei sanctus Gregorius papa properans ad partes Genuensium....* » Vit. S. Laut

Groson, il apprit que saint Grégoire arrivait lui-même en cette bourgade, et s'empressa d'aller au devant de lui. C'était le dimanche 28 octobre, le cinquième jour avant celui où notre bienheureux devait quitter ce monde. A peine les deux saints s'aperçurent-ils qu'ils se jetèrent dans les bras l'un de l'autre : « Dieu soit béni, s'écria l'évêque, puisqu'il m'a donné de vous voir encore sur cette terre, et de vous dire adieu avant que vous la quittiez pour toujours. » Et tous deux versaient des larmes de joie. Le bienheureux Lautein aurait vivement désiré, sans doute, recevoir son saint ami au monastère de Silèze (1) et le retenir quelques jours pour le bonheur et le bien spirituel de sa communauté; mais le vénérable pontife, paraît-il, ne pouvait se détourner de sa route ni s'arrêter longtemps. Notre saint demeura donc avec le prélat la journée entière jusqu'au lendemain, et ce fut entre les œuvres de piété et les plus doux

---

(1) Contrairement à l'assertion des auteurs déjà nommés, l'entrevue des deux saints n'eut pas lieu à Silèze, puisqu'il est dit qu'en quittant saint Grégoire Lautein continua sa route vers Silèze.

épanchements d'une sainte amitié, que les
deux serviteurs de Dieu partagèrent les courts
instants de leur entrevue.

L'heure cependant approchait, où Lautein,
selon l'avertissement céleste qu'il avait reçu,
allait sortir pour toujours du désert de ce
monde et entrer dans le lieu d'éternel bonheur. Avec quelle tendre effusion de cœur ne
dût-il pas faire connaître à son vénérable ami
cette importante et suprême nouvelle, et
quels ne furent pas les pieux sentiments de
ce dernier en l'apprenant ! Le biographe ne
nous a dit qu'un mot de cette touchante con-
versation des deux saints s'entretenant « des
choses de Dieu et des commandements du
Seigneur; » mais ce mot nous retrace toute
une scène attendrissante qui dut renouveler
celle dont saint Paul et saint Antoine avaient
été les héros à l'ombre des palmiers de la
Thébaïde. Comme un autre Antoine, en effet,
saint Grégoire ne semblait arriver en ces lieux
que pour dire à Lautein un suprême adieu
au moment où ce nouveau Paul entendait
sonner l'heure de son départ pour la cité
éternelle.

Cependant au miiieu de ces doux et pieux

entretiens, le dimanche et la nuit suivante
s'étaient rapidement écoulés, et déjà était
venu le jour de la férie seconde ou lundi,
amenant avec lui l'heure de la séparation dernière.

Après avoir remercié avec effusion son noble ami et l'avoir comblé de ses vœux les
plus ardents, saint Lautein lui dit un suprême
adieu ainsi qu'à tous ceux qui l'accompa-
gnaient. Alors s'adressant au prêtre Victor,
un de ses propres religieux qui l'avait suivi
et qui était présent à cette scène touchante :
« Va, lui dit-il, et reviens jeudi prochain au
monastère de Silèze m'apporter un suaire
pour ensevelir mon corps dans le lieu qui lui
est réservé. » De telles pensées de séparation
peuvent paraître, aux yeux du monde, propres à jeter dans l'âme au moins quelque
tristesse amère ; mais pour les saints, ces
adieux de la terre ne sont qu'un rendez-vous
donné dans le ciel. La ferme espérance de
posséder bientôt Celui qu'ils ont aimé et servi
fidèlement leur fait oublier toutes les peines
de cette vie et met dans leur âme une joie
pure qui est comme l'avant-goût des délices
éternelles.

C'est avec de tels sentiments que notre
saint quitta son illustre ami ; et le cœur plein
de reconnaissance, de confiance et d'amour,
il se hâta de continuer son chemin vers Silèze.

———————

CHAPITRE XI.

Mort de saint Lautein.

La douleur fut grande parmi tous les religieux du saint abbé quand ils apprirent, de
sa propre bouche, que bientôt ils allaient être
privés pour toujours de sa présence et de sa
direction. Lui cependant, plein de confiance
en celui dont les promesses ne trompent
point, conservait toute la sérénité de son
âme et redoublait de ferveur pour se préparer
saintement à paraître devant son Dieu. Il
n'avait plus que trois jours à passer sur cette
terre : il les donna tout entiers à la prière et
aux pieuses recommandations qu'il fit à ses
religieux. Semblable à un père de famille
qui réunit tous ses enfants autour de sa couche funèbre pour leur adresser ses derniers

conseils avec un suprême adieu, Lautein,
entouré de tous les siens, ne cessait de les
consoler, de les fortifier et de les exhorter
à persévérer toujours dans la'fidélité à la
règle monastique et à leur sainte vocation.

Enfin le jeudi étant arrivé, le saint abbé
entra dans l'oratoire (1) et se donna lui-
même la communion du corps et du sang
adorables de J. C. pour se fortifier dans ce
passage du temps à l'éternité.

Réconforté ainsi par la possession de son
Dieu auquel il venait d'offrir une dernière
fois la victime infiniment sainte (2), Lautein
s'endormit dans une extase de prière et d'a-
mour, pour ne se réveiller que dans les joies de
la céleste patrie. Son âme avait quitté la prison

(1) L'oratoire, (oratorium) était un lieu spécial consacré aux exercices spirituels des religieux. Assez
souvent cependant le même terme est employé pour
désigner l'église du monastère.

(2) Il y avait d'autres prêtres parmi les religieux,
entr'autres le prêtre Victor qui devait être de retour
à Silèze. Mais saint Lautein voulut sans doute célébrer une dernière fois le saint Sacrifice et se munir
lui-même du Viatique sacré au saint autel.

de son corps pour s'envoler, sur les ailes des
Anges, jusqu'au sein de Jésus qui vit et règne
avec le Père et le Saint-Esprit dans les siècles
éternels. C'était le jeudi premier novembre de
l'an 518. Saint Lautein était âgé de 70 ans (1).

(1) — C'est l'époque de la mort de Saint Lautein
qui a servi de base à toute la chronologie de sa vie.
Avec plusieurs auteurs nous adoptons cette date de
518 pour les raisons suivantes :

D'un côté, il est certain, d'après le manuscrit du
IXe siècle, que saint Lautein mourut cinq jours après
son entrevue avec saint Grégoire ; de l'autre, il est
avéré que c'était le 1er novembre. Or dans la première
moitié du VIe siècle (époque où en toute hypothèse
doit se placer la mort de notre saint) cette coïnci-
dence du jeudi avec le 1er novembre n'arriva que dans
les années 501, 507, 512, 518, 529, 535, 546.

Nous devons d'abord éliminer les années 501, car
saint Grégoire n'était pas encore évêque, — 535 et 546
puisque en 517, époque du concile d'Epaône, saint
Amand qui avait ordonné saint Lautein environ 18 ans
avant la mort de ce dernier, n'existait plus Il ne reste
plus que les années 507, 512, 518 et 529. Lecointe et
le P. Chifflet placent l'ordination de St-Lautein en 493,
ce qui fixerait sa mort vers 512. Mais cette date, comme la
précédente, ne paraît pas convenable ; car en 507 et

512 c'était encore l'arien Gondebaud qui régnait, et saint Grégoire ne dut venir à Genève que sous Sigismond, alors que la liberté était rendue à l'église, et les évêques souvent consultés par le prince. Enfin en 529 Sigismond était mort depuis 5 ans, et Gondomar son successeur résidait à Lyon. L'année 518 demeure donc comme la plus vraisemblable et la plus admissible (Vie des saints-de-Franche-Comté. — t II.)

CHAPITRE XII.

Tombeau de saint Lautein. — Description de la Crypte.

Saint Lautein fut enseveli pieusement au milieu des regrets de ses disciples qui perdaient en lui un sage conseiller et un père affectueux. On déposa son corps dans un sar-cophage en pierre de Vergennes (1) que l'on voit encore dans la crypte de l'église du côté droit de l'autel. Ce tombeau, long de deux mètres 15 cent. et large de 0,70 cent. est formé de deux pierres creusées, dont l'une est le cercueil qui renfermait le corps et l'autre le couvercle. La première est brisée, et des fragments assez considérables des deux côtés ont disparu; mais les extrémités avec le reste

_____

(1) C'est un grès assez friable que l'on rencontre dans la vallée d'Ornans.

des contours suffisent pour supporter la partie
supérieure. Le couvercle, encore entier, est
taillé à trois faces polygonales. Sur la face
supérieure court une longue bande encadrée
par deux rainures et terminée, en chef, par
une sorte d'écu en forme de carré long.

Le long de cette bande on lit l'épitaphe la-
tine : *hic requiescit sanctus Lautenus* (abbas ?) :
Ici repose Saint Lautein (abbé ?). C'est ainsi
que la donne Chevalier, historien de Poligny,
qui vivait il y a un peu plus d'un siècle.
Cependant, bien que le reste de l'inscription
soit demeuré très lisible, il n'est pas possible de reconnaître aucune lettre du dernier
mot (abbas) et l'examen attentif des vestiges
des caractères porte à lire plutôt le mot *confessor, confesseur* abrégé. « Cette inscription, dit
encore le même auteur, est en lettres du xe
ou du xie siècle ; ce qui ferait supposer
que le sarcophage ayant été primitivement
enterré, l'épitaphe n'a été gravée que
plus tard, alors que les restes du saint
abbé furent levés de terre et placés dans la
crypte.

Mais si l'on considère d'un côté le genre
d'abréviation employé dans cette inscription,

de l'autre la présence des lettres symboliques
A et ω en chef du tombeau, caractères qui
appartiennent à l'épigraphie du vi⁰ siècle, on
admettra aisément que l'inscription, comme
le tombeau lui-même, remonte à l'époque
mérovingienne. Ce qui d'ailleurs semble
donner beaucoup de force à cette supposition.
c'est que l'acte de donation de Rodolphe, roi
de la Bourgogne transjurane, paraît rappeler
l'inscription mot à mot. (1).

Dans la même crypte on voit encore, élévé sur
une maçonnerie d'un pied de haut le long du
mur, l'un du côté gauche de l'autel, l'autre aux
pieds même du tombeau du saint, deux autres
sarcophages également en pierre de Vergennes, mais sans inscription aucune. Le premier,
de forme exactement semblable à celui du bienheureux, renferme encore beaucoup d'ossements auxquels se trouvent mêlés quelques
débris de pierre et de plâtre introduits sans
doute par l'ouverture du couvercle fracturé.
Ce monument, par sa forme, rappelle aussi

(1) *Donamus in præfato etiam comitato (Scuttindis)
cellulam quampiam in qua sanctus Lautenus confessor
pretiosus requiescit.*

l'époque mérovingienne et paraît remonter à une date très-voisine de celle où vécut notre saint. Le second, au couvercle presque arrondi et aux parois moins épaisses, est d'une époque plus récente que les autres. Il renferme encore les ossements d'un personnage qui dut être un personnage religieux vivant sur la fin du xviᵉ siècle, comme le prouve la découverte et l'inspection de plusieurs pièces de cuivre qui ont été trouvées à l'intérieur même du tombeau.

Nulle inscription, avons-nous dit, ne nous a fait connaître à qui appartiennent ces monuments. Il est à remarquer toutefois que, selon un ancien usage, on ne plaçait ainsi en évidence dans le lieu de prière que les tombeaux des personnages morts en odeur de sainteté. On peut donc croire que ces deux cerceuils sont ceux de saints religieux attachés à l'église de Silèze, et dont les noms, restés inconnus chez les hommes, sont inscrits au ciel, sur le livre de vie.

Avant d'achever notre travail par l'histoire du culte de saint Lautein et des miracles opérés à son tombeau donnons ici quelques détails, pour compléter la description du lieu béni

qu'a sanctifié la présence de notre saint patron. Tout près de son tombeau, au bas du
côté droit de la crypte, on remarque un petit
édicule surmonté d'une croix, et élevé au-dessus de l'orifice d'un puits très-peu large.
C'était jadis, dit la légende du pays, une fon-
taine d'huile dont l'origine merveilleuse re-
montait à saint Lautein lui-même. Ayant été
souillée par les soldats allemands dans la
guerre de 1635, elle tarit subitement et cessa
pour toujours de donner son huile miraculeuse.

Il est vrai que dans plusieurs circonstances
saint Lautein, comme d'autres saints d'ailleurs, a fait des miracles par des onctions
avec de l'huile bénite; il est vrai aussi que
Dieu, dans sa toute puissance, eût pu accor-
der une source miraculeuse de ce genre à
notre saint. Rien cependant ne nous autorise
à ajouter foi à cette légende, ni pour l'origine
du fait qu'elle rapporte, ni pour la manière
dont il aurait cessé. Le disciple de saint Lautein, qui nous a parlé de ces miracles, n'aurait pas manqué de mentionner celui de la
source merveilleuse, et les documents du
xvıı⁰ sièle nous auraient appris l'acte d'impiété

aussi bien que les autres violences des soldats ennemis.

Dans les siècles de foi, la piété des fidèles
avait pour coutume d'entretenir beaucoup de
lampes devant les tombeaux des saints, et de
les faire brûler perpétuellement en leur honneur. Cet usage, on le retrouve encore dans
de nombreux sanctuaires où reposent d'insignes reliques. Or, les dons se faisant le plus
souvent en nature, il y avait un lieu spécial
où se conservaient les provisions d'huile of-
fertes par les fidèles. Comme notre saint donc
était en grand honneur dans toute la contrée,
il devait y avoir un grand nombre de lampes
allumées devant son tombeau, et le petit puits
dont il est question, ne pouvait être que l'endroit où se déposaient les offrandes d'huile
apportées par la piété des chrétiens de la province. Quant aux lampes qui brûlaient ainsi
en l'honneur de notre saint abbé, il nous en
reste encore une en fer, que l'on voit suspen-
due devant l'autel de la crypte et que l'on
doit estimer pour sa haute antiquité.

A l'entrée de la crypte on admirait aussi, il
y a quelques années, une belle et antique
fresque représentant le bienheureux abbé

expirant entouré de ses religieux. L'auteur
avait sans doute copié la toile du grand pein-
tre qui a fait la *Mort de saint Bruno*, car les
deux scènes sont identiques. Malheureuse-
ment la peinture a été étrangement et indi-
gnement souillée par les noms que les curieux
y ont inscrits. Aujourd'hui, grâce à la piété
généreuse d'une personne de la paroisse (1),
cette fresque a été recouverte par une toile
de même grandeur, qui représente de la
même façon la mort du saint. Mais cette
peinture est loin d'avoir le cachet de fini
qu'offrait celle qu'elle a remplacée.

(1) Voir aux notes et pièces justificatives.

CHAPITRE XIII

**Sort des monastères du saint.— Ses reliques.
Miracles à son tombeau.**

Après la mort de saint Lautein, ses deux
monastères éprouvèrent bien des vicissitudes.
Les incursions des Sarrasins et des Nor-
mands dans notre province, les guerres, les
pillages et les dévastations dont elle fut le
théâtre, les réduisirent presque à rien, et
l'on est légitimement fondé à croire que celui-
même de Maximiac ne tarda pas, comme nous
l'avons déjà dit, à être tellement ruiné qu'il
ne resta plus de traces de son existence.
Pour celui de Silèze, appelé désormais du
nom de Saint-Lautein, réduit à une simple
celle, dont l'histoire ne fait pas mention jusque vers la fin du ${}^{\text{e}}$ siècle, il dut pour assurer son existence, se mettre sous le patronage
du prince ou du seigneur du pays. A cette
époque, en effet, si un abbé ne voulait pas

voir son monastère en ruines, ni ses religieux
en butte à des vexations sans cesse renouve-
lées et toujours impunies, il n'avait d'autre
ressource que de se mettre avec tous les siens,
sous la protection d'un prince qui pût les dé-
fendre et faire respecter leurs droits.

C'est ainsi qu'à la fin du ixe siècle nous
trouvons le monastère de Saint-Lautein avec
toutes ses dépendances soumis au pouvoir
de Rodolphe de Stratlingen que les évêques
et les grands avaient proclamé roi de la Bourgogne Transjurane en l'an 887. Mais quelques
années plus tard, le bienheureux Bernon, fondateur de Gigny et réformateur de Baume,
ayant imploré la protection et la générosité
de Rodolphe, celui-ci accorda au pieux abbé,
entre autres possessions, celle de Baume et
celle du monastère où repose, dit le roi, le
saint confesseur Lautein. Cet acte, délivré
par le roi de Bourgogne à Bernon, en 903,
établit d'une part qu'il n'y avait point encore
de relations entre Baume et Saint-Lautein,
de l'autre qu'à cette époque déjà notre saint
patron était l'objet d'un culte particulier dans
la province, et que ce n'était pas en vain que
l'on venait prier à son tombeau. Depuis ce

temps, le monastère de Saint-Lautein, devenu un simple prieuré, se trouva annexé à la célèbre abbaye, ainsi que toutes ses dépendances, et plus tard même, en 1133, son territoire fut entièrement démembré du comté de Bourgogne. Le comte Rainaud III, en effet, voulant réparer les dommages que ses soldats en passant avaient causés au monastère de Saint-Lautein, abandonna en faveur d'Albéric, abbé de Baume, tous les droits qu'il avait en ce lieu avec la juridiction territoriale.

Devenue ainsi complétement maîtresse du monastère de Saint-Lautein, Baume voulut avoir une partie des reliques de notre saint. Elle prit donc pour elle le chef du bienheureux avec une grande portion du corps (1).

Ces précieux restes furent enfermés dans une châsse avec le chef de saint Désiré (2) et

(1) *Histoire manuscrite de Baume*, p. 7 et 8.

(2) L'église de Saint-Désiré de Lons-le-Saulnier était aussi depuis le ixe siècle sous la dépendance de l'abbaye de Baume. Ce fut donc aussi, sans doute, par les ordres de l'abbé de Baume que la tête du saint fut apportée dans l'église de cette abbaye.

placés au côte droit du maître-autel où elles
se trouvent encore aujourd'hui. L'église de
Saint-Lautein conserve l'autre partie des reliques de son glorieux fondateur. Dans les siècles suivants, comme l'abbaye de Baume n'y
entretenait plus de religieux, saint Lautein
n'eut plus de disciples autour de son tombeau. Le prieuré alors était conféré à des
prêtres séculiers qui avaient en même temps
le titre de curés de la paroisse.

Cependant au milieu de tous ces change-
ments qui s'opéraient autour du tombeau de
notre saint, le culte de celui-ci devenait plus
célèbre. Dès les temps les plus anciens une
chapelle était fondée en son honneur dans
l'église métropolitaine de Besançon, et son
nom était inscrit dans les litanies du diocèse,
comme on a pu le constater par des livres
d'église du XIVe siècle. Mais c'est dans les
deux églises qui possèdent ses reliques et
surtout dans celle dont il a été le fondateur,
que saint Lautein a été de tout temps l'objet
d'un culte spécial. Autrefois l'exposition de
ses saintes reliques se faisait simultanément
dans les deux églises. A cet effet, les religieux de Baume députaient l'un d'eux pour

faire la cérémonie à Saint-Lautein en même temps qu'ils exposaient le chef du saint dans leur église abbatiale. Le jour de l'exposition et celui où l'on remettait les reliques en leur place, ils célébraient l'office propre et solennel du saint abbé. L'oraison suivante est celle que l'on récitait dans cet office : « Excitez, Seigneur, dans votre église, l'esprit qui anima le bienheureux abbé Lautein, afin que nous nous appliquions à aimer ce qu'il a aimé, et à mettre en pratique ce qu'il a enseigné. Par N. S. J. C. (1). »

La protection du saint abbé ne faisait point défaut à ceux qui l'invoquaient, et plusieurs faits miraculeux attestent que sa puissante intercession attirait les faveurs du ciel sur ceux qui venaient l'implorer.

Le 11 mai 1635, dans la guerre que la France, liguée avec la Hollande et les Luthériens d'Allemagne, faisait à la maison d'Autriche (2), des soldats allemands et lorrains

(1) Or. *Excita, Domine, in ecclesiâ tuâ spiritum cui beatus Lautenus servivit, ut studeamus amare quæ amavit, et opere exercere quæ docuit. Per D. N. J. C.*

(2) La Franche-Comté dépendait alors de l'empire.

entrèrent dans l'église de Saint-Lautein.
Ayant aperçu au-dessus du maître-autel la
châsse qui contenait les saintes reliques, ils
la firent tomber avec leurs piques, croyant
sans doute que ce coffre artistement travaillé
renfermait quelques richesses. La violence
de la chute brisa la châsse, et les glorieuses
reliques furent répandues sur le marche-pied
de l'autel. Vers les cinq heures du soir, l'ennemi s'étant retiré, les habitants, rentrés du
bois où la peur les avait fait fuir, vinrent à
l'église et virent avec tristesse les dégâts
causés par l'impiété des soldats allemands.
Aussitôt ils mandèrent le curé de Toulouse (1)
de venir recueillir les saintes reliques et les
remettre en lieu convenable. Dans la crainte
cependant d'une nouvelle profanation, on les
renferma dans une caisse de sapin, et on les
plaça sous une dalle du chœur, en présence
d'un grand nombre d'habitants de la paroisse.
Ces saintes reliques demeurèrent ainsi ca-
chées pendant six ans jusqu'au 15 avril 1641,
époque à laquelle le curé de Saint-Lautein,

(1) La cure de Saint-Lautein était vacante en ce
moment.

Anatoile Girod, voulut les remettre en leur lieu habituel. Ce jour-là donc, en présence de plusieurs ecclésiastiques et de plus de deux cents personnes, dont la plupart les avaient vu cacher, les précieux restes de notre saint patron furent retirés solennellement, et exposés à la vénération des fidèles. C'est dans cette circonstance qu'arrivèrent des faits miraculeux dont les archives de la paroisse ont transmis le récit à notre édification (1). « Lorsque nous tirâmes ladite quaise, dit un témoin oculaire, nous l'ouvrimes sur le grand autel, et il en sorty une odeur si suave et délicieuse que toute l'église en fut embaumée pendant l'espace de deux jours que durèrent les cérémonies et service divin. Le tout en présence des révérends pères prêtres et de tout le peuple qui y estoit présent en nombre d'environ deux cents. »

Ce miracle ne fut pas le seul qui s'opéra, en ce temps, au tombeau du saint abbé. Dieu voulut montrer encore par un autre prodige combien les prières des saints lui sont agréables, et comment, par eux, il aime à manifes-

(1) Voir, à la fin, aux pièces justificatives.

ter les œuvres de sa miséricorde, ou les merveilles de sa toute puissance.

Une femme aveugle, de Miéry, nommée
La Bonde, âgée d'environ 50 ans, apprenant
qu'on venait de lever de terre les reliques de
notre saint, et qu'il avait autrefois rendu la
vue à des aveugles, se fit amener à saint
Lautein, remplie de la plus entière confiance
en la puissante intercession de ce serviteur
de Dieu. Le curé ayant dit la messe à l'intention de cette femme, celle-ci, durant trois
jours, ne cessa point de prier, de visiter
l'église et de répandre ses ardentes supplications aux pieds du saint dont elle vénérait les
reliques. Enfin, le troisième jour, pendant
qu'elle était en prière devant ces restes sacrés,
la pieuse femme recouvra subitement la vue
et sortit seule de l'église, l'âme transportée
d'une sainte joie, et toute pénétrée d'amour et
de reconnaissance pour celui qui venait de
donner une récompense si magnifique à sa
persévérance et à sa foi.

Quelques années plus tard, le 9 mai 1663,
grâce à la protection spéciale par laquelle
saint Lautein répondit aux prières de la paroisse, le territoire fut épargné d'une façon

6

toute merveilleuse, au milieu d'un orage épouvantable qui désola tout le pays circonvoisin. Selon que le remarquèrent, en effet, les deux échevins et les trois jurés qui avec eux visitèrent le territoire, la grêle se voyait sur tout le pourtour du pays depuis le lieu appelé les Outrebois jusque du côté de Bersaillin, sans qu'il en fût tombé sur les terres de Saint-Lautein. Au moment où toute la paroisse priait en présence des reliques du saint, la nuée orageuse si menaçante s'était partagée en deux et avait porté ailleurs ses terribles ravages.

Le 14 août 1733 il se fit encore une translation des reliques de saint Lautein. La châsse, en effet, qui datait de l'époque à laquelle sont arrivés les faits miraculeux rapportés plus haut « étant toute caduque, dit le procès-verbal, et presque entièrement corrompue, il fallut la remplacer par une autre. » Ayant donc obtenu la permission de l'ordinaire diocésain, le sieur Chaillet Claude-Henry, prêtre et curé de Saint-Lautein, assisté de plusieurs prêtres du voisinage et en présence d'un grand nombre d'habitants de la paroisse, plaça fidèlement les saintes reliques

dans une châsse « nouvellement construite,
« dorée de tout côté et ornée de huit glaces
« à verres convexes, de la largeur d'environ
« sept poulces, avec un osculon (1) de chaque
« côté de la largeur d'environ un pouce, dans
« lesquels se trouvent des reliques. Les prin-
« cipaux ossements furent rangés dans la
« châsse et mis à découvert. » Le reste et
les débris tombés en poussière furent enfermés soigneusement dans un petit sac de
satin et placés à côté des autres dans la même
châsse (2).

En 1793, lorsque la tempête révolution-
naire vint fondre sur notre pays, l'église de
Saint-Lautein fut pillée, tandis que son digne
pasteur, M. Forest, de sainte et vénérée mémoire, était obligé de se cacher pour se con-
server à ses brebis qu'il ne cessa point d'assister jusqu'à sa mort, malgré la violence
de la persécution. Vases sacrés, ornements
et linges d'église, tout, jusqu'à des croix et
des grillages de fer servant aux oratoires,

(1) C'est l'endroit où l'on baise les saintes reliques,
de *Osculari*, *baiser*.

(2) Voir le procès-verbal aux pièces justificatives.

fut enlevé et livré, en ces jours néfastes,
par quelques mains infâmes aux agents des-
potiques du district de Poligny.

Cependant la châsse de saint Lautein, cachée
avec soin dans la crypte, échappa à la fureur
de nos vandales modernes. Puis, quand le
fléau fut passé, elle reprit sa place habituelle
au-dessus du maître-autel. Quelques années
plus tard, un prêtre de Saint-Lautein, M.
l'abbé Noirot, bienfaiteur de l'église et de la
paroisse, fit redorer cette châsse, changea
les panneaux qui laissaient à peine aper-
cevoir les précieuses reliques, puis replaça
les ossements dans l'état où il les avait trouvés
et où ils sont encore aujourd'hui. Ces saintes
reliques se composent d'un fémur, d'un frag-
ment d'humérus, de deux os maxillaires et
de plusieurs vertèbres. Deux petits ossements,
toutefois, furent réservés pour être mis, l'un
dans un reliquaire d'argent portatif représentant saint Lautein (1), l'autre dans un buste
antique du même saint, qui se trouve dans
la crypte, à côté de l'autel. Ces deux reli-

(1) C'est celui qui sert pour les offices des diman-
ches et des fêtes.

quaires furent canoniquement authentiqués par l'autorité diocésaine, le 7 décembre 1825.

Le culte de saint Lautein, comme nous l'avons déjà dit, est fort ancien dans notre province. Le martyrologe de Besançon nomme le saint au 1er novembre, jour de sa mort, et c'est le même jour qu'il est mentionné dans Chastelain, dans le martyrologe de Cluny et dans plusieurs autres. En 1761, son office fut introduit dans le bréviaire bisontin par le cardinal de Choiseul. Chevalier (1), qui nous rapporte le fait, s'estime heureux d'y avoir concouru. Anciennement la fête du saint se célébrait le 2 novembre; mais le pape Urbain VIII, à la demande du sieur Anatoile Girod, curé de la paroisse de Saint-Lautein, transféra cette fête au 3 novembre. Plus tard elle fut fixée au 5 par l'ordinaire de Besançon; mais depuis quelques années, elle a été replacée, comme autrefois, au 3 novembre, et c'est à cette date que son office est célébré maintenant dans le diocèse de Saint-Claude.

Comme saint Lautein, par sa naissance et les premières années de sa vie religieuse,

(1) Chevalier. *Histoire de Poligny*.

appartient à l'Autunois, nous pensions que son nom était honoré dans sa patrie, et qu'il avait une place dans les offices propres du diocèse d'Autun ; mais c'est en vain que nous l'y avons cherché. Puisse ce modeste écrit servir à faire connaître mieux notre saint patron dans le pays même qui nous l'a donné il y a treize siècles. Puisse-t-il obtenir au saint abbé une place dans cette glorieuse et antique église d'Autun que tant de saints personnages ont illustrée par leur naissance et par leurs vertus, et où les traditions pieuses du passé sont toujours en honneur.

CHAPITRE XIV

Culte du saint de nos jours.

La dévotion à saint Lautein était autrefois vive et profonde, non-seulement chez les habitants de la paroisse, mais encore dans toutes les populations du voisinage. Aux temps de sécheresse, de pluies excessives ou d'autres calamités publiques, on descendait la châsse pour exposer les reliques saintes à la vénération de tous. Il n'était pas rare alors de voir de grandes et solennelles processions se dérouler dans les rues du village pieux et recueilli. Des prêtres pélerins, ou des jeunes gens vêtus de blanches aubes portaient sur leurs épaules les précieux restes du saint abbé, et les vieux échos de Silèze étaient réveillés par les chants sacrés ou les supplications des foules accourues de toutes parts.

Les fidèles, en effet, venaient nombreux et pleins de foi aux pieds de notre saint, et jamais ils ne se retiraient sans que sa puis-

sante intercession n'eût justifié leur confiance
et récompensé leurs prières. Lorsque le saint
sacrifice était offert, comme il l'est encore
souvent, dans cette crypte où tout parle à
l'âme chrétienne le langage de la foi et de la
vertu, l'enceinte sacrée se trouvait toujours
trop étroite pour contenir le peuple assemblé
en prière. La piété envers le saint se tradui-
sait aussi dans de pieuses associations que
nous avons vues disparaître avec peine, et
dont les membres aimaient à se grouper autour du tombeau du saint patron pour accom-
plir leurs exercices spirituels chaque dimanche de l'année. La foi alors était vive et le
sentiment chrétien profondément implanté
dans les âmes. Mais depuis qu'a soufflé le
vent impie du doute et du rationalisme; depuis que l'orgueil et le sensualisme ont pris
la place de la sobriété et des humbles vertus
de nos pères, les populations semblent avoir
oublié tout ce que le pays doit à son saint et
généreux protecteur.

Les bonnes mœurs publiques, le bonheur
des familles, le bien général y ont-ils gagné?
Ce n'est point ici le lieu de donner une ré-
ponse que l'impartialité du lecteur fera sans
doute d'accord avec nous.

Depuis quelques années, cependant, la fête de saint Lautein réunit, de nouveau, de nombreux chrétiens autour de son tombeau. Nous donnons plus loin les prières que l'on a coutume de faire aux exercices de la neuvaine, en l'honneur du saint. Puissent ces exercices être pour les populations la voix qui les réveille de l'indifférence et les ramène aux nobles et saintes traditions des temps de foi. Déjà en 1873, le 22 août, grâce à l'initiative et au zèle du pasteur de la paroisse, un grand pèlerinage eut lieu au tombeau de saint Lautein, et rappela aux habitants les pieuses processions que faisaient leurs pères.

L'esprit mauvais ne manqua point de susciter des entraves; mais ses projets demeurèrent vains; et, malgré les hostilités qu'il sut secrétement préparer, l'œuvre de Dieu se fit avec solennité pour la plus grande édification et la joie spirituelle des vrais chrétiens.

Puissent ces manifestations pieuses ranimer la piété envers notre saint patron! puissent-elles raviver parmi nous la foi agissante qui seule peut nous faire imiter ceux que Dieu nous a donnés pour modèles ici-bas et pour protecteurs dans le ciel.

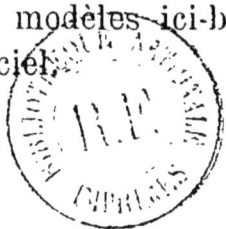

CHAPITRE XV

Neuvaine pour le temps de la fête de saint Lautein.

PRIÈRE A SAINT LAUTEIN POUR CHAQUE JOUR
DE LA NEUVAINE.

Bienheureux patron de cette paroisse, saint Lautein, pour assurer votre sanctification en cette vie et votre salut éternel dans l'autre, vous avez quitté le monde et renoncé à tous les avantages qu'il pouvait vous offrir ; vous avez même quitté le lieu de votre première retraite pour venir cacher votre humilité et votre amour de la pénitence dans ce lieu désert que vous avez embaumé du parfum de vos vertus. C'est ici, ô notre glorieux patron, dans cette humble église où se trouve encore votre tombeau et où tout rappelle votre pieux souvenir, que vous avez pratiqué les sublimes vertus qui vous ont mérité un bonheur sans fin dans les cieux et des autels sur la terre. C'est ici que vous avez vécu d'une vie humble, chaste et laborieuse, passant votre vie à prier le Seigneur, à chanter ses louanges et à fortifier vos frères dans la foi par vos exemples et vos enseignements. Obtenez-nous, généreux protecteur, la grâce d'imiter vos vertus par la pratique sincère de la pénitence et l'acceptation religieuse des peines de la vie, en réparation de tant de péchés commis contre la sobriété, contre la loi du jeûne et de l'abstinence; par l'amour de la vigilance et de la pureté, en réparation de tous les crimes que font commettre les plaisirs des sens ; par le détachement des choses de la terre, en réparation de tant de cupidité et d'avarice; par le courage, enfin, que nous devons avoir de nous montrer et d'être en tout de parfaits chrétiens, de vivre dans l'esprit de foi et de prière, pour réparer les lâchetés d'un si grand nombre d'âmes.

Faites aussi que, à votre imitation et conformément à la parole de l'apôtre saint Paul, nous travaillions tous les jours avec crainte à notre salut, sans redouter ni le respect humain, ni les railleries des incrédules, ni les

injures des impies, ni les attaques des ennemis de notre foi.

Nous vous demandons spécialement pour
cette paroisse commise à votre patronage,
ô saint Lautein, des grâces de conversion
pour tant de pécheurs ignorants, indifférents
ou endurcis, et des grâces de persévérance
pour les justes. Qu'en ces jours, surtout, votre fête soit célébrée, selon le bon plaisir de
Dieu, dans la prière et une sainte joie, et
non point selon les inspirations du démon,
dans les plaisirs criminels et la débauche.
Nous vous demandons aussi la grâce parti-
culière de .. (chacun la désigne), par cette
neuvaine que nous faisons en votre honneur.

Nous vous recommandons également, ô
saint protecteur, notre malheureuse patrie,
afin qu'elle voie le terme de ses épreuves avec
celui de l'impiété et de l'irréligion.

Priez aussi instamment pour l'Eglise atta-
quée de toutes parts, pour le saint Pontife
qui la gouverne, pour les évêques, pour les
prêtres et pour tous ceux qui sont chargés du
soin des âmes, afin que la religion triomphe
de ses ennemis en les convertissant au Seigneur, et qu'ils puissent louer Dieu avec nous
durant toute l'éternité. Ainsi soit-il.

Litanies de saint Lautein.

Seigneur, ayez pitié de nous.

Christ, ayez pitié de nous.

Seigneur, ayez pitié de nous, etc.

Père céleste qui êtes Dieu, ayez pitié de nous.

Fils rédempteur du monde qui êtes Dieu, ay. p. de n.

Esprit saint qui êtes Dieu, ay. p. de n.

Sainte Marie, mère de Dieu, priez pour nous.

Saint Lautein, patron de cette paroisse, p. p. n.

Saint Lautein, qui avez fui le monde pour travailler à votre salut, priez pour nous.

Saint Lautein qui, dès votre jeune âge, avez aimé la pénitence et la mortification, priez pour nous.

Saint Lautein, modèle d'abnégation et de renoncement, priez pour nous.

Saint Lautein, très-assidu à louer le Seigneur, priez pour nous.

Saint Lautein, modèle des âmes adonnées à la prière, priez pour nous.

Saint Lautein, modèle d'obéissance et de modestie, priez pour nous.

Saint Lautein, plein de charité pour vos frères, priez pour nous.

Saint Lautein, animé d'un grand zèle pour la maison de Dieu, priez pour nous.

Saint Lautein, tout pénétré de l'esprit vraiment religieux, priez pour nous.

7

Saint Lautein, animé en tout d'un grand esprit de foi, priez pour nous.

Saint Lautein, toujours confiant en la parole du Seigneur, priez pour nous.

Saint Lautein, redoutable aux ennemis de la croix, priez pour nous.

Saint Lautein, qui avez mis en fuite les démons, priez pour nous.

Saint Lautein, qui avez guéri bien des maladies de l'âme et du corps, priez pour nous.

Saint Lautein, qui avez guidé beaucoup d'âmes dans la voie du salut, priez pour nous.

Saint Lautein, qui avez sanctifié ce pays et cette église par vos vertus, priez pour nous.

Saint Lautein, dont les précieux restes reposent au milieu de nous, priez pour nous.

Saint Lautein, maintenant couronné dans le ciel, priez pour nous.

Agneau de Dieu qui effacez les péchés du monde, etc. (trois fois).

℣. Priez pour nous, bienheureux saint Lautein,

℟. Afin que nous devenions dignes des promesses de Jésus-Christ.

ORAISON.

Excitez, Seigneur, dans votre église, l'esprit qui anima le bienheureux abbé Lautein, afin que nous nous appliquions à aimer ce qu'il a aimé et à mettre en pratique ce qu'il a enseigné. Par N. S. J. C

Cantique à saint Lautein

Chanté pour la première fois le jour du grand pèlerinage,
22 août 1873.

Marchons, Chrétiens, sous la sainte bannière
Des bienheureux, nos illustres patrons ;
A saint Lautein, offrons notre prière,
A son tombeau, pèlerins accourons.

Dans la souffrance,
Saint protecteur,
Soyez notre espérance,   } *bis.*
Sauvez-nous du malheur.   }

Aux pieds du saint qu'en ces lieux on vénère,
La foi, jadis, conduisait nos aïeux ;
Ils venaient tous au béni sanctuaire
Prier Lautein d'intercéder pour eux.
Dans, etc.

A leur exemple, ô protecteur aimable,
Nous implorons votre appui tout-puissant :
Priez, priez pour un peuple coupable
Que vous voyez confus et repentant.
Dans, etc.

Ah ! trop longtemps nous avons, par nos crimes,
D'un Dieu clément irrité le courroux ;
Mais sous nos pas nous voyons les abîmes :
O saint patron, venez, délivrez-nous.
Dans, etc.

Au souffle impur de l'orgueil et du doute,
La foi chrétienne en nos cœurs s'affaiblit ;
Ranimez-la, qu'elle éclaire la route
Qui nous conduit au bonheur infini.

    Dans, etc.

Vous, le premier, de cette foi divine
Avez porté devant nous le flambeau ;
Ah ! que par vous sa clarté se ranime,
Et brille encor d'un éclat tout nouveau.

    Dans, etc.

Tout parle ici des vertus admirables
Dont vous avez enseigné le chemin ;
Imprimez-les en traits ineffaçables
Dans tous nos cœurs, ô bienheureux Lautein.

    Dans, etc.

Temple sacré, crypte à jamais bénie,
Tu fus témoin de ses austérités ;
Inspire-nous de fuir en notre vie
L'appât du monde et de ses vanités.

    Dans, etc.

Oui, c'en est fait, désormais sur vos traces,
O saint Patron, nous voulons tous marcher ;
Sollicitez pour nous forces et grâces,
Afin que Dieu seul nous soit toujours cher.

    Dans, etc.

Voyez aussi le mal de la patrie,
L'impiété la conduit au tombeau :

Priez, priez que la France meurtrie
Ne tombe point sous les coups du fléau !
      Dans, etc.

L'Eglise en deuil gémit dans la tristesse ;
Des cris de mort contre elle ont retenti.
Faites, grand saint, que cette guerre cesse,
Et confondez l'orgueil de l'ennemi.
      Dans, etc.

Nous vous prions ; au successeur de Pierre
Donnez aussi votre puissant secours.
Il est du Christ ici-bas le vicaire :
A lui nos vœux et notre amour toujours.
      Dans, etc.

L. C.

Vu et approuvé pour Mgr., par M. Carette, V.-G.

PIÈCES JUSTIFICATIVES

Les pièces suivantes, tirées des archives de la paroisse, nous les reproduisons telles que nous les avons trouvées avec leur forme ancienne.

A.

Invasion des soldats Allemands dans l'église de Saint-Lautein, translation des saintes reliques.

Nous soubsigné Claude Dubois prêtre et curé de Toulouse, et Anathoille Girod prêtre et curé de Saint Louthain, attestons par serment *ad pectus* (1) et certifions pour rendre tesmoignage à la vérité que l'onzième may de l'an mil six cent trente cinq, les soldats Allemands et Lorins estant entrés dans l'église dudit saint Louthain où voyant audessus du mre (maître) — autel sur une poultre un coffre artiste-

---

(1) *Ad pectus* c'est-à-dire la main sur la poitrine, formule consacrée par l'usage.

ment élaboré dans lequel étaient encloses les reliques du glorieux saint Louthain; croyant possible y
trouver aultres choses poussèrent avec leurs piques
ledit coffre, lequel par la violance de la chute fut
rompu et ouvert en telle sorte que les précieuse reliques y enfermées furent en partie espanchées sur le
marchepied du maître-autel; et comme environ les
cinq heures du soir, après la sortie des soldats les
habitants du lieu estant de retour du bois où ils s'estaient retirés à cause de l'invasion des troupes, se
portèrent en ladite église, où voyant le dit coffre bas
et cassé, et les saintes reliques épandues en la manière susdite, ils députèrent entr'eux des commis
pour aller audit Toulouse prier le sieur curé de vou-
loir se rendre en ladite église pour lever les
dites saintes reliques et les remettre comme il fit dans
une petite caisse de sapin, pinte (peinte) qui estait
enfermée dans ledit coffre; et après avoir enveloppé
proprement les saintes reliques de trois suaires ou
sandalles de taffetas rouge, ver, et blanc, dans les-
quelles elles étaient précédemment couvertes, -iceluy
sieur Dubois pour obvier à un pareil désastre ayant
fait lever au chœur de ladite église une pierre large
de deux pieds et longue de quatre, et commandé d'y
faire une fosse capable et suffisante, fit mettre dans
ladite fosse la caise de sapin où estaient encloses les
saintes reliques entourées des trois sandalles (sic) et
l'ayant fait couvrir de terre fit remettre dessus la
pierre en présence de plus de cinquante habitants

du lieu; et la caisse demeura ainsi enterrée jusques à semblable jour de l'an mil six quarante un qui sont six ans entiers, ce qu'estant venu à la cognaissance dudit sieur Girod nouvellement pourvu de la cure dudit lieu, il prit résolution de faire déterrer ladite caisse où estaient les reliques, crainte que les suaires qui les envelopoient ne fussent consommés et pourrys par l'humidité de la terre ainsi que les actes des visites des seigneurs archevesques de Besançon qui estaient serrés dans icelle caysse; et pour vaquer audit déterrement et transport des reliques avec plus de solempnité, il fit venir le quinzième avril de l'an mil six cent quarante un en ladite église trois révérends pères capucins du couvent de Poligny, savoir les pères Marc, Paulin et Léon, avec le même sieur Dubois curé dudit Toullouse qui en avait fait l'enterrement comme dit est; lesquels tous ensemblement ayant fait lever la dite pierre ainsi que la terre qui couvrait la caysse de sapin, tirèrent de communes mains icelle caysse et la transportèrent avec les cérémonies requises sur le maistre-autel où estant ouverte il en sorty une odeur si délicieuse et si suave que toute l'église en fut embaumée pendant l'espace de deux jours que durèrent les cérémonies et service divin, et retrouvèrent lesdits suayres et actes de visites que l'on avait cru corrompus aussy sains et entiers que si avoient estés dans un lieu sec et aéré, et encorre à présent les mêmes suayres enveloppent les reliques, ce que tout a esté veu (vu) et considéré par plus de deux

cents personnes qui estaient accourues à ladite cérémonie de déterrement et ouverture desdites reliques.
En foy de quoy nous avons signé la présente et appo-
sé le sceau de nos armes avec promesse d'emporter
plus ample tesmoignage si besoing soit.

Lieu du sceau.

CL. DUBOIS *prêtre*, ANAT. GIROD *prêtre*.
(Archives de la paroisse).

B.

Guérison de la femme aveugle.

Je soubsigné Anathoille Girod prêtre et curé de saint
Louthain, avec Louthain Guérillot notaire dudit lieu,
certifie à tous pour manifester les prodiges que Dieu
opère par les mérites et intercession de son glorieux
confesseur saint Louthain que le seixième avril mil
six cent quarante un, ledit sieur curé Girod s'habil-
lant sur le maistre-autel de l'église du lieu pour célébrer la sainte messe, lorsqu'il fut prest de mettre la
chasuble, il fut inspiré, comme il fit, d'aller au bas
de ladite église, où proche de l'eau bénistier, il

treuva Thiebaud Ramboz dudit saint Louthain qui
conduysoit, avec un baston qu'il tenoit par le bout,
une femme aveugle depuis plus de six mois, nommée
la Blonde paroissienne de Miéry et âgée d'environ
cinquante ans. Lors le sieur curé s'adressant à elle
l'interrogea en ces termes : d'où venez-vous, que
cherchez-vous et que demandez-vous, auquel ladite
aveugle reparty : M^r ayant ouy sonner la messe, je
me suis fait conduire à l'église pour l'entendre et
pour faire mes prières devant les reliques de saint
Louthain, ayant appris quelles avaient esté déterrées et
remises dans leur châsse, et que par les mérites dudit
saint les aveugles qui recouroient à luy recouvraient
la vüe, sur-quoy j'ay pris dévotion de venir visiter les
saintes reliques et de prier le saint de m'obtenir de
Dieu le restablissement de ma vüe que j'ay perdue
entièrement dès plus de six mois. J'espère qu'il aura
pitié d'une misérable femme dénuée de tous moyens
et incapable de gagner sa vie. Lors le sieur curé luy
reparty : ayez confiance au saint ; il a grand pouvoir
auprès de Dieu ; priez-le avec foy et dévotion et je
vay dire la messe à votre intention. A quoy elle répli-
qua ; monsieur je n'ay pas moyens de la vous payer ;
lors il lui dit : je ne laisseray néantmoings de la célébrer pour vous, ainsi qu'iceluy sieur curé fit instamment. Après quoy ledit sieur étant allé à Salins où il
séjourna quatre jours ; il fut visité à son retour par
honneste Jeanne Millet mère dudit notaire Guérillot
laquelle luy apporta quatorze blancs monnoye du comté

de la part de ladite femme nommée la Blonde pour laquelle il avait dit la sainte messe, et lui assura qu'icelle femme après avoir fait sa dévotion trois jours de suitte à ladite église avoit pleinement recouvert la veüe le troisième jours estant à genoux devant les saintes reliques et qu'elle s'en estoit retournée seulle et sans conducteur. Pour dequoy estre plus certain iceluy sieur curé fit venir Thiébaud Ramboz qui l'avoit conduit dans la dite église pendant son aveuglement, comme encorre le sieur Louthain Guérillot, et Claude Menestrier tous du lieu, lesquels conjointement avec ladite Millet estoient présents lorsque ledit miracle arriva devant les saintes reliques et témoignèrent audit sieur Girod, ainsi qu'ils font encore présentement estant tous vivants, hors la dite Millet, que ladite Blonde qu'ils avoient vue lors de son aveuglement leur déclara en ladite église qu'elle avoit recouvré la veüe par les mérites dudit saint Louthain, et en mesme temps la virent sortyr d'icelle église et s'en aller seulle et sans conducteur toute resjouie du prodige que Dieu avait opéré en elle par l'intercession dudit saint, et comme ledit sieur curé fut curieux de voir ladite femme il aprins (apprit) qu'elle s'estoit allée au duché de Bourgogne où elle mendie son pain.

En foy de quoy ce jourd'huy je me suis soubsigné Anat. Girod prêtre curé, avec ledit Guérillot et appose le scel (sceau) de nos armes.

Lieu du sceau,

Anat. GIROD.   GUÉRILLOT LOUTHEIN.

C

. . . *Donamus itaque pro æterna retribuna-*
tione…. in comitatu scutindis quamdam cellam, nomine
Balmam, ubi fluvius Salliæ surgit, quam ipsi monachi
prælibati ad fundamentum reædificaverunt; in præ-
fato etiam comitato, cellulam quampiam, in qua sanc-
tus Lautenus confessor pretiosus requiescit.

D

Extrait de la bulle de Grégoire VII, an 1078.

ARCHIVES DU JURA.

… Cuncta quæ ibi oblata sunt vel offerri contigerit
tam a te quam ab eis qui in tuo officio locoque succes-
serint, perenni tempore illibata et sine inquietudine
aliquà volumus possideri… nominatim etiam confir-
mantes eidem monasterio cellam sancti Lauteni datam
a Carentino (sic) rege, cum omnibus appendiliis ..

(Arch. du Jura. Bulle publiée dans l'*Essai historique sur*
l'abbaye de Baume.)

E

Procès-verbal de la translation des saintes reliques, en 1733.

L'an mil sept cent trente-trois, le quatorzième jour
du mois d'août, en l'église de Saint-Lauthain, furent
appelés les sieurs Jean Chaboz, prêtre et curé de

Plasne, J. B. Menouillard, prêtre et curé au Fied, Simon Vuillerme, prêtre et curé à Miéry, pour assister à la translation des précieuses reliques du glorieux saint Lauthain, patron de la paroisse dudit Saint-Lauthain, laquelle translation a été faite par le sieur Claude Henry Chaillet, prêtre et curé audit lieu, en suite de la permission qu'il en a obtenue de l'ordinaire diocésain, en présence des sieurs Pierre Simon Braud, prêtre et vicaire audit lieu, Jean-Joseph Guérillot, prêtre audit lieu, noble Jean-François Alix, demeurant audit lieu, Claude Perron et Thiébaud Boulot, échevins, François Piquenet, Jean-Baptiste Parrod, et Hugues Choulot commis audit lieu, N. Maigrot, lieutenant particulier en la maîtrise des eaux et forêts de Poligny, du sieur Claude-Estienne Guérillot, avocat en parlement demeurant audit lieu, Cyprien Desvignes, recteur d'école audit lieu, Denis Piquenet, Gaspard Guérillot, Claude Boulot, Claude Humbert Richard, Guillaume Estiot, Pierre Antoyne, Claude Carrey, Joseph Menetrier, Claude Parrod, Anatoile Touré, Antoine Parrod, François Perron et autres habitants représentant la majeure part dudit lieu ; lequel sieur Chaillet, après avoir fait assembler la communauté au son de la cloche, a fidèlement transporté lesdites reliques d'une châsse fort caduque et presque entièrement corrompue, fabriquée l'an mil six cent quarante-six, dans une autre nouvellement construite, dorée de tout côté et ornée de huit glaces à verres convexes, de la largeur d'environ sept poulces, avec

un osculon de chaque côté de la largeur d'environ
un poulce, dans lesquels il y a des ossements dudit
saint. Les principaux ossements ont été rangés dans
ladite châsse et mis à découvert, le reste des ossements ainsy que la poussière ayant été mis dans un
petit sac de satin et renfermé dans ladite châsse. Lequel verbal a été ainsy dressé pour perpétuelle mémoire, dont on a fait trois doubles, l'un renfermé
dans ladite châsse, l'autre mis dans les archives de la
cure et le troisième mis entre les mains des échevins pour joindre aux papiers importants de ladite
communauté. Ceux qui savent écrire se sont soubsi-
gnés les an et jour que dessus, et instamment est ar·
rivé le sieur Pierre François Vacelet, prêtre, docteur
en théologie, curé à Frontenay qui étoit aussi prié de
s'y rencontrer et qui s'est soubsigné.

Suivent **24** *signatures.*

F

En 1869, lorsque M. Tissier, curé de Saint-Lautein
depuis 1822, voulut célébrer le 50e anniversaire de
sa prêtrise, plusieurs personnes de la paroisse vou-
lurent contribuer à cette pieuse fête. Mlle V... alla au
devant des désirs du zélé pasteur, en offrant un don
en l'honneur de saint Lautein. C'est à sa générosité
que nous devons la toile qui remplace l'ancienne
fresque de la crypte.

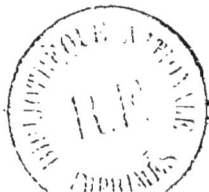

TABLE

2 1

www.ingramcontent.com/pod-product-compliance
Lightning Source LLC
Chambersburg PA
CBHW060155100426
42744CB00007B/1038